E

R

A

ELÍAS

RIZO

ARQUITECTOS

Arquine

ÍNDICE / CONTENTS

CONFORT Y SENSUALIDAD DEL ESPACIO EN LA OBRA DE ELÍAS RIZO ARQUITECTOS

JOSEP MARIA MONTANER

La obra de Elías Rizo Arquitectos, estudio radicado en Guadalajara y encabezado por Elías y Alejandro Rizo, se ha desarrollado, inicial y especialmente, en casas unifamiliares de un cierto lujo. También en algunos edificios de viviendas colectivas y de oficinas, más recientes. Y casi siempre en ciudades y tierras del estado de Jalisco, partiendo de la base tan cualificada de la Escuela Tapatía, iniciada por Ignacio Díaz Morales, Luis Barragán, Rafael Urzúa, Pedro Castellanos y Alejandro Zohn, entre otros.

Desde la fundación del estudio en 1996, su obra responde a la voluntad de revitalización de la arquitectura moderna, eludiendo retornos historicistas y enlazando, también, con la tradición de la vivienda moderna unifamiliar en Estados Unidos de Marcel Breuer, Richard Neutra o Rudolf Schindler. Este amplio legado norteamericano se ha proyectado hacia el futuro, sumando aquellas aportaciones de la cultura contemporánea que tienen que ver con el respeto al paisaje, el objetivo de la sostenibilidad y potenciar unas tipologías lo más abiertas y flexibles posibles.

Todo ello se produce en continuidad con la estela de la mejor tradición de lo que plasmaron Carlos Eduardo Dias Comas y Miquel Adrià, en 2003, en su libro *La casa latinoamericana moderna. 20 paradigmas de mediados del siglo XX*. Es decir, siguiendo la tradición de las casas emblemáticas de Max Cetto, Enrique del Moral, Francisco Artigas, Augusto Harold Álvarez, Oscar Niemeyer, João Batista Vilanova Artigas, Lina Bo Bardi, Affonso Eduardo Reidy, Carmen Portinho o Antoni Bonet Castellana.

Y hay también reflejos de la arquitectura residencial europea: las obras de Eileen Gray, José Antonio Coderch o Fernando Tavora. De hecho, Elías y Alejandro Rizo realizaron maestrías y posgrados en Barcelona, en la Universitat Politècnica de Catalunya.

Visitando sus obras destaca, ante todo, la amplitud de los espacios, delimitados por materiales elegidos muy intencionadamente, por sus texturas y brillos, y mirando siempre hacia grandes aberturas. De hecho, la buena iluminación natural es uno de sus máximos valores: ventanas, puertas y pórticos adoptan grandes proporciones.

En los volúmenes exteriores predomina la intención de mimetizarse con el entorno, semihundiéndose y arropándose de vegetación. En los exteriores, los materiales se entonan con el entorno, y el edificio se adapta a la topografía del terreno, a las características de la vegetación, a la buena orientación y a las miradas hacia las mejores vistas.

En los interiores destaca la eficacia y la funcionalidad, la concatenación y articulación de los espacios que favorecen gradientes, vistas en diagonal y en profundidad, visuales dinámicas con muy diversos tamices.

Lo que más impresiona a los sentidos es la calidad y diversidad de los materiales, acabados y detalles constructivos, ya que recurren generalmente a materiales que se puedan conseguir en la región. Predomina el recurso a la mayor variedad de texturas: mamposterías de piedra (generalmente con la laja a hueso); estructuras y láminas de acero; suelos, estructuras, columnas y muros de concreto liso, muy bien encofrado y con distintos acabados; maderas de diversos tipos y texturas. En su precisión y geometría, las estrías, juntas y encajes actúan como un fractal, que se repite a la escala de las plantas, secciones y volúmenes.

Y en cada casa, encajada y amalgamada en la topografía, rodeada de vegetación, aparecen presentes o representados los cuatro elementos: fuego, agua, tierra, aire. De manera manifiesta, la Casa BE se articula alrededor de la escalera y del fuego de la cocina. En cada casa, estanques y grandes acristalamientos nos remiten a lo líquido y transparente. En cada obra predomina lo masivo, el muro de piedra y la horizontalidad programática de los pavimentos. Y cada interior está intensamente asoleado y ventilado.

La Casa AP, con su axialidad y su despliegue horizontal de superficie es una alegoría del cobijo humano debajo de un pórtico, en la línea de las obras de arquitectos estructuralistas como Paulo Mendes da Rocha y Eduardo Catalano.

Esta recurrencia a la estructura arquetípica del refugio queda demostrada también en la Casa BS en Tapalpa: la arquitectura se sitúa con su capacidad civilizatoria, dentro de la naturaleza; aludiendo al mito de la cabaña primitiva. En este caso, con su forma prismática, telúrica y sólida, expresada en los largos muros de piedra con laja a hueso y en las fachadas de acero corten recubierto de laca natural, aparece como una arqueología en el paisaje. Y aquí se demuestra otro valor: una arquitectura que es moderna pero que no teme a los efectos del tiempo. Por su forma y funcionamiento, por sus relaciones con el entorno y por las características de los materiales y acabados, está previsto lo que puede pasar en el edificio con el paso de los años, para que vaya envejeciendo dignamente.

En los interiores, tal como nos muestra la Casa RO, también en Tapalpa, se expresa este énfasis en la materialidad, las texturas y la percepción de los sentidos —la vista, el tacto, el sonido, el color, la temperatura—, manifestándose en suelos y alfombras, muros y techos, peldaños, barandillas y celosías, muebles y estanterías, luminarias y objetos decorativos.

En todas las casas, la relación abierta con el contexto es intensa, especialmente en la Casa La Punta, en Punta Mita, con el elaborado itinerario paisajístico que va desde la casa hasta la orilla del océano.

Y si este paisaje no existe, como cuando son obras urbanas que se encuentran entre medianeras y en solares menores —como la Casa Oval y la Casa SE, ambas en Zapopan—, el espacio doméstico se hace introvertido y crea sus propios escenarios de vida. Es ahí cuando se saca más partido de otro elemento, que es el patio, tan presente y diversificado en la tradición de la arquitectura tapatía. Si el patio en la Casa LA, en el campo, significa entrada de luz, visión de agua y presencia de la vegetación, en las casas urbanas, sin un paisaje con interés, cada obra enmarca sus propios ambientes con patios, estanques, jardines y aberturas.

El gran reto desarrollado más recientemente ha sido que estas cualidades espaciales y materiales se mantengan y desarrollen en edificios de vivienda colectiva, empezando por Loma Guadalupe, en Zapopan. En cada apartamento se ha previsto preservar la intimidad a la vez que favorecer las vistas, desde unas viviendas llenas de luz y ventilación natural. Esta luminosidad se consigue por las fachadas, con sus amplias terrazas, y mediante un gran patio interior. En los espacios comunes predominan los paramentos lisos, que enfatizan esta búsqueda de los reflejos que potencian una materialidad pulcra. Y cada interior se convierte en una bien ajustada maquinaria doméstica para la vida moderna.

Y también se ha trasladado a los edificios de oficinas, como Loma Chapalita, en el centro de Guadalajara, que adopta una forma cúbica y en voladizo sobre una planta baja comercial recubierta de cristal. La fachada intenta ser a la vez neutra y vibrante, con unos *brise-soleils* orientables, hechos de paneles verticales de aluminio perforado. Si en la planta baja el acceso combina la materialidad, textura y reflejos del mármol y la madera, en los aparcamientos subterráneos tiene entrada el color pintado.

Por último, el edificio de oficinas Frater Neruda adopta una forma más representativa y tectónica que Loma Chapalita. Es una obra con una fuerte voluntad de generar un orden urbano y compositivo, en la estela de otro edificio reciente en Guadalajara, la Torre Hipódromo de OAB-Carlos Ferrater, con Xavier Martí y Montse Trilla, y con Álvaro Berubén del Estudio Hidalgo. La planta de cada piso de oficinas en renta es diáfana y el núcleo de circulación vertical está en el centro. Las fachadas, conformadas totalmente por la repetición rítmica de las cartelas de concreto, quedan configuradas en la primera planta y en la coronación con una composición de orden mayor, la cual pone énfasis en la estructura tripartita clásica, de base, fuste y coronación.

Concluyendo, todo lo visto y comentado emparenta estas obras con las tendencias arquitectónicas más basadas en la fenomenología, en el disfrute de los sentidos, en los procesos de la percepción. Se recuerda especialmente la casa propia del brasileño David Libeskind en São Paulo (1961) y las obras de Kyriakos Krokos en Tesalónica, Grecia. Y también nos remiten a las casas ligeras y elevadas en el terreno de Glenn Murcutt en Australia, a la intensidad de las arquitecturas telúricas de Peter Zumthor, o a la levedad y texturas de los espacios coloridos, llenos de luz cenital, de las obras de Steven Holl alrededor del mundo.

En definitiva, la presencia de la luz natural, la vegetación, el viento, el agua y una intensa materialidad, generalmente tectónica, son constantes en la mayoría de creaciones de Elías Rizo Arquitectos. Y es que el resultado ha intentado aproximarse al máximo a las necesidades y deseos de los clientes, en función de sus recursos económicos. El proceso del proyecto de cada casa se inicia con la carta de ilusiones y sueños que los clientes entregan a los arquitectos, como si fuera para Santa Claus o para los Reyes Magos. Todo ello resulta en una arquitectura clara y contundente, fácilmente transmitible en las fotos y en los medios de comunicación.

Teniendo en cuenta todos estos factores, elementos, habilidades y objetivos se consigue un resultado que es siempre una obra sólida, llena de confort espacial, textural y climático. Un gozo para los sentidos en unos espacios de alta performatividad.

COMFORT AND SENSORY EXPERIENCES IN THE SPACES OF ELÍAS RIZO ARQUITECTOS

JOSEP MARIA MONTANER

Initially Elías Rizo Arquitectos specialized in single-family, high-end residences. More recently the Guadalajara-based studio, led by Elías and Alejandro Rizo, has also worked on multi-family and office developments. Most of its projects are located in cities and rural areas in the state of Jalisco, and have continued in the tradition of the movement known as the Escuela Tapatía or Guadalajara School, begun by figures such as Ignacio Díaz Morales, Luis Barragán, Rafael Urzúa, Pedro Castellanos, and Alejandro Zohn.

Since the studio was founded in 1996, it has revitalized modern architecture, avoiding historicist backtracking and linking to classic, modern single-family housing in the United States as envisioned by Marcel Breuer, Richard Neutra, and Rudolf Schindler. Elías and Alejandro have projected this American legacy toward the future, adding touches of contemporary culture by developing an awareness of local contexts and prioritizing sustainability in order to produce more open, flexible typologies.

Apart from drawing inspiration from the aforesaid architects' works, Elías Rizo Arquitectos also follows in the best traditions set out by Carlos Eduardo Dias Comas and Miquel Adrià in 2003 in *La casa latinoamericana moderna. 20 paradigmas de mediados del siglo XX* (The Modern Latin American House: 20 Paradigms from the mid-20th Century), a book featuring iconic modern houses by Max Cetto, Enrique del Moral, Francisco Artigas, Augusto Harold Álvarez, Oscar Niemeyer, João Batista Vilanova Artigas, Lina Bo Bardi, Affonso Eduardo Reidy, Carmen Portinho, and Antoni Bonet Castellana.

Elías Rizo Arquitectos' works also show the influence of European residential architecture and the works of Eileen Gray, José Antonio Coderch, and Fernando Tavora. In fact, both Elías and Alejandro Rizo studied as postgraduates in Barcelona at the Universitat Politècnica de Catalunya.

The most immediately notable aspect of their projects is the generous size of the spaces, finished with a palette of materials carefully selected for their textures and luster. Ample openings are also a constant feature of their work, and their large picture windows, doors, and entrances provide abundant natural lighting.

To blend in with the surroundings, the exterior volumes are semi-embedded in the ground and surrounded by foliage. The materials have a similar hue to the natural landscape and the structures adapt to the local topography and vegetation. Special care is taken with orientations to ensure the best views.

The interiors are remarkably effective and functional: spaces are connected with a preference for ramps, diagonal and far-reaching views, exciting perspectives, and a very wide range of filters.

The quality and variety of materials, finishes, and structural details make an impact on the senses; the studio generally uses locally sourced materials. Another distinguishing feature are the many different textures: stonework (generally close-fitting cladding stone); structural and plate steel; smooth concrete flooring, structures, columns and walls made with high-quality formwork and different finishes; various types and textures of wood. In their precision and geometry, the grooves and joints act as fractals repeated on the scale of plans, sections, and volumes.

In each house, incorporated within the topography and surrounded by vegetation, the four elements—fire, water, earth, and air—are present or represented. BE House is clearly articulated around the staircase and the kitchen fire; in each house, pools and large panes of glass evoke water; each project communicates massiveness, with stone walls and horizontal paving; and each interior is brightly lit and well ventilated.

AP House—with its axiality and horizontal layout of its surface—is an allegory of the human shelter underneath a portico, along the lines of the structuralist works by architects Paulo Mendes da Rocha and Eduardo Catalano.

This recurrent use of the archetypal shelter is also on view in BS House in Tapalpa: a work of architecture as a civilizing force exists within a natural setting, evoking a primitive cabin. In this case, the house's solid, prismatic, and telluric quality, expressed in long stone walls with close-fitting joints and in the Corten steel façades covered with a natural lacquer, brings to mind an archeological site inserted in the landscape. And here it demonstrates another of its qualities: a modern architecture unafraid of time. The building's form and function, connection to its surroundings, and the choice of its materials and finishes all display an acceptance of what may happen to the building over the years, ensuring it will age gracefully.

Also in Tapalpa, RO House's interiors express this emphasis in its material quality, textures, and sensory aspects (sight, touch, sound, color, temperature) palpable in the flooring and carpeting, walls and ceilings, steps, handrails and latticework, furniture and shelving, light fittings, and decorative objects.

Each house connects openly and intensely to its context. This is especially true in La Punta House, in Punta Mita, with its elaborately landscaped route from the house to the edge of the ocean.

When such a landscape does not exist, as in the case of urban projects that lie between adjacent properties and on smaller plots, such as Oval House and SE House, both in Zapopan, the domestic space turns in on itself and creates its own living situations. Here the architects take fuller advantage of another resource, always such a present and varied feature of Guadalajara's architecture: the courtyard. Whereas in the rural LA House the courtyard brings in natural light and gives views of water and the surrounding vegetation, each urban project without panoramic views frames its own atmospheres with courtyards, reflecting pools, gardens, and openings.

The studio's most recent major challenge has been to maintain and evolve these spatial qualities in collective housing developments, starting with Loma Guadalupe in Zapopan. Each apartment also preserves intimacy and affords views, in well-ventilated, light-filled units. The architects achieve this luminosity thanks to the façades with their wide terraces, and a large interior courtyard. The communal spaces have mainly smooth surfaces, seeking the reflections that create a clean material quality. And every interior adapts perfectly to modern life.

The studio has also worked on office buildings, such as the cubic Loma Chapalita in downtown Guadalajara that is cantilevered over an area of glass-paneled stores. The façade combines a neutral yet dynamic effect, with movable brise-soleils made of vertical panels of perforated aluminum. The lobby mixes the material quality, texture, and reflections of marble and wood, in contrast to the underground parking levels that have painted finishes.

As a final mention, the Frater Neruda office building is more representative and tectonic than Loma Chapalita, expressing its strongly urban and structured feel, in the wake of another recent construction in Guadalajara: the Hippodrome Tower by OAB-Carlos Ferrater, designed in collaboration with Xavier Martí and Montse Trilla, and with Álvaro Berubén of Estudio Hidalgo. Each floor plan of these leased offices is diaphanous and has a central vertical circulation nucleus. The façades—entirely formed by the rhythmic repetition of concrete corbels—are shaped, on the first floor and top level, with a higher-order composition that emphasizes the classic tripartite structure of base, shaft, and capital.

To conclude, everything we have seen and discussed here relates these works to predominantly phenomenological architecture based on sensual enjoyment and on perceptual processes. The studio's work is particularly reminiscent of David Libeskind's own house in São Paulo (1961) and the works of Kyriakos Krokos in Thessaloniki, Greece. It also brings to mind Glen Murcutt's lightweight, elevated houses in Australia, the intensity of Peter Zumthor's telluric architecture, and levity and textures found in Steven Holl's works around the world, with their colorful spaces naturally lit from above.

The presence of natural light, vegetation, wind, water, and an intense material (generally tectonic) quality certainly characterize most of Elías Rizo Arquitectos' creations. The resulting structures have sought to meet client needs and desires as completely as possible, within their budgets. The process for each residential project begins with the client's letter of hopes and dreams delivered to the architects, as if addressed to Santa Claus or the Three Wise Men. The end result are powerful and immediate works of architecture, easily understood in photographs and in the media.

These factors, details, abilities, and objectives always combine to create solid and comfortable houses in their spatial quality, textures, and temperatures, giving sensory pleasure in highly functional spaces.

ELÍAS RIZO, LA INTEGRIDAD DE LA ARQUITECTURA

MIQUEL ADRIÀ

Arquitectura para vivirla. A veces discreta, que desaparece ante la mirada poco atenta para emerger en su interior, como un traje a la medida, envolvente, que arropa a sus habitantes con matices, proporciones, materiales, temperaturas, texturas y luz. Arquitectura que destila lentamente su forma y su belleza, que tienta el sentido de la mesura y la finura de los elementos constructivos; que conserva el pudor ante la estridencia y preserva el sentido del decoro.

La arquitectura de Elías Rizo Suárez (Ciudad de México, 1967) —sólo al inicio, con Alejandro Rizo a partir de 2009 y ahora también con su hijo, Elías Rizo Oroz— persigue desde sus primeras obras la calidad arquitectónica para conmover a quien la habita. Rizo comulga con Peter Zumthor en que "la arquitectura se ha hecho para nuestro uso. En este sentido, no es un arte libre. La tarea más noble de la arquitectura es justamente ser un arte útil. Pero lo más hermoso es que las cosas hayan llegado a ser ellas mismas, a ser coherentes por sí mismas." Rizo coincide también con el maestro suizo en la construcción de atmósferas como categoría estética, en la fusión de lo espectacular con lo íntimo.

Como Pallasmaa, Rizo también asume que "el espacio arquitectónico es espacio vivido más que espacio físico, y el espacio físico siempre trasciende la geometría y la mesurabilidad" y que dicho espacio es "una arquitectura que dirige nuestros sentidos del movimiento y del tacto tanto como del ojo y que crea una atmósfera de domesticidad y acogida."[2]

Los primeros pasos de Elías Rizo hacia la arquitectura se tropiezan entre los viajes iniciáticos y los conocimientos acumulados en el proceso de aprendizaje. Los viajes ayudaron a poner en orden lo que iba aprendiendo, siempre ubicado en su lugar, en su cultura y en su tiempo. Desde sus obras primerizas, Elías asumió que "el objetivo principal del despacho era hacer felices a los clientes, sin tratar de levantar la mano como arquitectos, sin buscar protagonismo."[3] Como él mismo reconoce, sus fuentes originarias son tres: su formación tapatía, su paso por Barcelona y la selección cuidadosa de los autores contemporáneos con los que siente afinidad.

Le empezó a interesar la arquitectura a los diez años, cuando sus padres construyeron su casa en La Piedad, Michoacán, proyectada por Pepe Suárez, arquitecto radicado en la Ciudad de México, que era primo de su madre y socio de Fernando García Bringas. A los 14 años fue a estudiar a los Estados Unidos y, a su regreso, ya tenía claro que quería ser arquitecto. Decidió estudiar en el ITESO, ya que sabía que era la mejor escuela de arquitectura de Guadalajara.

Ya en la Escuela de Arquitectura tuvo muy buenos maestros, como Ignacio Díaz Morales —fundador de la Escuela de Arquitectura de la Universidad de Guadalajara— que todavía le dio clase y con quien tuvo una relación muy cercana. Marco Aldaco también fue un referente tapatío importante y, aunque no daba clases, fue con él a ver algunas de sus obras.

1. Zumthor, Peter, *Atmósferas*, Barcelona, GG, 2006, p. 69.
2. Pallasmaa, Juhani, *Los ojos de la piel*, Barcelona, GG, 2006, p. 69.
3. Entrevista a Elías Rizo, Chapala, 20 junio de 2019.

Por entonces, Carlos Petersen era el director de la Escuela de Arquitectura, y cuando Elías cursaba octavo semestre, el RIBA (Royal Institute of British Architects) invitó a la Ibero de la Ciudad de México y al ITESO de Guadalajara a participar en un concurso para estudiantes: Elías fue uno de los seleccionados a participar en el concurso *Monumento y Contrapunto*, teniendo que escoger entre un homenaje al Dr. Atl o a José Clemente Orozco. El joven estudiante decidió irse por Orozco con una propuesta muy potente. Con ayuda de Hugo González y después de trabajar durante todo el semestre, su proyecto fue seleccionado. Tres alumnos llegaron a enviar sus propuestas a Londres y en verano llegó una carta con su nombre a la oficina de Carlos Petersen en la que lo invitaban a ir a Londres, ya que resultó finalista. Ganó un equipo madrileño y Elías Rizo obtuvo una mención. Fue una señal.

Al terminar sus estudios de arquitectura, un amigo cercano le encargó su casa y él se dedicó de lleno durante dos años a este proyecto. Al terminarla, se fue a cursar una maestría en la Escuela de Arquitectura de Barcelona. Esa primera casa estaba muy influenciada por la escuela tapatía, con celosías, muros ciegos, ventanas botadas, patio, pisos de recinto, etc. Ahí vive todavía su amigo, quien asegura que sigue siendo la mejor casa que Elías jamás ha construido.

Su paso por Barcelona fue iluminador. La Ciudad Condal postolímpica era destino de los arquitectos tapatíos, así como de los argentinos de Rosario y los colombianos de Medellín. Su amigo Antonio Riggen, que lo precedió, le dijo cómo hacerle para estudiar en la Politécnica de Cataluña y tomó la Maestría de la Gran Escala que dirigía Eduard Bru, siendo Enric Miralles su profesor. Su experiencia fue muy estimulante tanto por la maestría como por el hecho de vivir en Barcelona con "una gran riqueza arquitectónica —como recuerda el mismo Elías—, con conferencias de todos los arquitectos del mundo, todo pasaba en Barcelona por entonces."[4]

A su regreso a Guadalajara se enfrentó con una realidad local, "culturalmente estancada y con una influencia norteamericana no muy afortunada, con fraccionamientos nuevos con cupulitas por todos lados."[5] En solitario y sin haber trabajado en ningún despacho previamente, empezó algunos proyectos en contra de la tendencia de aquellos años. Por entonces, sus contemporáneos eran Miguel Echauri y Álvaro Morales, Luis Esquina, Ricardo Agraz, Paulino DiVece, entre otros. Posteriormente, a la generación de su hermano Alejandro Rizo, Salvador Macías, Magui Peredo y Alejandro Guerrero (que también cursaron sus maestrías en Barcelona), ya les tocó una Guadalajara más refinada y más abierta.

Alejandro Rizo Suárez (Ciudad de México, 1978) es once años menor que Elías. A sus doce años, mientras cursaba 6º de primaria, quedó fascinado al ver a su hermano ya en la universidad, haciendo una maqueta de un parque. Desde entonces, supo que quería ser arquitecto. Tras un

4. Entrevista en Guadalajara y Tapalapa el 20 de junio de 2019.
5. *Ibid.*

año de preparatoria en Nueva York, estudió arquitectura en el ITESO y en 2003 ganó un concurso de ARPAFIL (del que fui jurado). Entre sus profesores, dejaron mella Sergio Ortiz y Alfredo Hidalgo. Al terminar la carrera trabajó tres años en la oficina de Elías, esperando la oportunidad de cursar una maestría, pero debido al constante trabajo nunca era un buen momento, hasta que, fascinado por el Máster de Vivienda de Barcelona, dirigido por Josep María Montaner y Zaida Muxí, decidió seguir los pasos que había dado Elías unos años antes. Antes de partir hacia Barcelona rentó un departamento donde alojarse y, a su llegada, descubrió que era un edificio proyectado por Carlos Ferrater, a una cuadra de la Sagrada Familia. Quizá los tres años de práctica profesional le dieron la madurez para estar totalmente enfocado en la maestría, que acabó siendo una de las "experiencias más importantes de su vida."[6] Junto a los directores mencionados del máster tuvo de profesores a Carlos Ferrater, Rosa Rull, Josep Bohigas —con quien llevó el proyecto final—, Ricardo Flores y Eva Prats, y asistió a numerosas conferencias de RCR o Benedetta Tagliabue, entre muchos otros.

A su regreso en 2009 a Guadalajara, su silla seguía esperándolo y todo seguía igual salvo que Alejandro había madurado en su intenso aprendizaje académico. Uno de sus mejores amigos, con quien había compartido el año de preparatoria en Nueva York, decidió que esperaría a su regreso para encargarle su casa. Y así la Casa Oval es su primer proyecto en la oficina donde, desde entonces, comparte trabajo con toda intensidad junto a su hermano Elías. De él aprendió el oficio y en Barcelona creció intelectualmente. Elías lo condujo con exigencia, desde pequeños diseños —como el buzón de la Casa TOC— hasta proyectos más grandes. De hecho, Alejandro forma parte de una generación que aprovechó el tirón de la anterior. En la maestría de Barcelona, fue compañero de Salvador Macías y Magui Peredo y buen amigo de Alejandro Guerrero, quien formaría Atelier Ars con Andrea Soto.

Recientemente, Elías Rizo Oroz (Guadalajara, 1997) se suma al equipo con una trayectoria académica muy destacada en la Universidad Anáhuac de la Ciudad de México y cursos en las mejores universidades internacionales, así como con reconocimientos curriculares que auguran un nuevo enriquecimiento generacional al equipo familiar.

En Guadalajara, desde el primer momento, Elías Rizo proyectó y construyó sus proyectos. Lo hacía todo solo. Así que, de 1996 a 2006, trabajaba todos los días de la semana, proyectando, viendo a clientes y proveedores y durmiendo escasamente tres horas por día. La sociedad tapatía no era fácil y Elías Rizo no era local. Las oportunidades para llevar a cabo residencias familiares eran escasas en un medio tan endógeno y hermético. Sin embargo, uno de los primeros encargos en 2003 fue una casa de 300 metros y muros de concreto aparente, que detonó la demanda de un

6. Entrevista con Alejandro Rizo, 23 de noviembre de 2020.

proyecto tras otro. Esa Casa MO fue un parteaguas en la arquitectura contemporánea de la ciudad —a la que tildaban de fábrica, como le pasara a Juan O'Gorman con los estudios de Diego Rivera y Frida Kahlo muchos años antes— dejando atrás a la escuela tapatía de sus maestros para iniciar una nueva ruta.

Platicando con Álvaro Siza, Kenneth Frampton trataba de hilvanar tres aspectos que definieran un cierto método proyectual del maestro luso: el primero sería el lugar, el segundo la tipología y el tercero, la definición de la forma.[7] Con el mismo criterio y método, Elías Rizo aborda su arquitectura donde el lugar, bien sea rural o urbano, adquiere características distintas. En Tapalpa se construye sólo con adobe. Y el material detonó que los hermanos Rizo empezaran a apropiarse de una arquitectura de montaña que se convirtió en un referente. Posteriormente, recibieron un encargo en Miami, dos más en Ibiza y el lugar, junto con la tipología, definió de nuevo la forma.

Elías Rizo siempre tiene sus ojos y oídos muy abiertos. El saber ver le ha enseñado mucho y quizá se lo deba a sus maestros Díaz Morales, Hugo González, Bricio Fernández y Sergio Ortiz, así como a los viajes que hizo tras las obras de Le Corbusier desde Barcelona. En esos peregrinajes de formación, una de las obras que probablemente le hayan impactado más fueron los baños termales de Vals de Peter Zumthor. La textura, el color y el material de la región coincidían con sus intereses como nada que hubiera visto antes: le conmovió verlo realizado. La arquitectura de Zumthor lo hizo consciente de la gravedad y de la tierra, de los grados de intimidad y de la luz sobre las cosas.[8] Paseando por las Termas, Elías Rizo entendió que la tarea de crear atmósferas tiene un lado artesano, con sus procedimientos, intereses, instrumentos, herramientas. En buena medida, el joven arquitecto asumió parte del ideario del ebanista suizo —como le diría Ignasi de Solà-Morales— y a partir de entonces sus propuestas tienen que ver con "el cuerpo de la arquitectura y la presencia táctil del material; con la consonancia de los materiales, que concuerden armoniosamente entre sí y que de esa composición de materiales surja algo único; con el sonido de los materiales, reconociendo que todo espacio funciona como un instrumento musical; con la temperatura del espacio; con las cosas alrededor, entre el sosiego y la seducción; con la tensión entre interior y exterior, entre un dentro y un afuera, los umbrales, los tránsitos, las derivas y la sensación de lugar."[9]

CASAS EN LA MONTAÑA

Esas secuencias de dualidades que apuntaba Zumthor de algún modo se manifiestan en las dos casas para los dos hermanos Maldonado, donde

7. Frampton, Kenneth, "Álvaro Siza Vieira, A pool in the sea", IITAC/Actar, 2013, p. 21.
8. Zumthor, Peter, *Atmósferas*, Barcelona, GG, 2006, p. 69.
9. *Ibid*, pp. 27–47.

unos basamentos pétreos a un mismo nivel sustentan unos cuerpos livianos con techos inclinados hacia su interior para albergar otras dualidades, como la sala de estar interior y la sala de estar exterior, con sus respectivas chimeneas también interiores y exteriores. A su vez, la Casa GG es un artefacto que se diseña para que su único habitante goce de unas vistas privilegiadas. Como algunas casas de RCR, esta cámara bicéfala de placa de acero oxidada, insertada entre pinos y encinos, es —en palabras de Luis Fernández-Galiano— "esencial y elocuente".[10] Un recorrido descendente para llegar a la casa permite controlar la secuencia de puntos de vista. Desde dentro se enmarcan las vistas a las rocas monumentales de la montaña cercana y el panorama infinito que culmina con el Nevado de Colima. Por casualidad, el dueño tiene un telescopio y una cámara de placas ya obsoleta en su sala y las usa como herramientas para capturar la memoria visual de una casa que se abre como una doble cámara obscura.

En realidad, la primera experiencia en el contexto boscoso de Tapalpa fue su propia casa, RO, construida en 2007, donde Elías pudo experimentar por primera vez con un muro exterior de piedra, que se clava en el sentido de la pendiente, como una pieza de Richard Serra. Otro muro paralelo interior, de madera clara, articula como un gran mueble la distribución, con un pasillo longitudinal entre ambos muros, con la sala en el extremo inferior y la habitación principal en el superior. Por encima, un techo inclinado flota libremente sobre los muros. Muy cerca, entre altos pinos, se encuentra la Casa TOC. Una planta en L, con un pasillo de circulaciones en el lado interior, distribuye las recámaras de un lado y la cocina y sala de estar —interior y exterior— del otro. Posteriormente, una pequeña caja de madera aparentemente hermética, alberga un pequeño estudio y completa el cuadrado que encierra un paisaje acotado en la inmensidad del bosque.

También en Tapalpa, aunque en un contexto más abierto, se ubica en la arista de una meseta la Casa BS. De nuevo, dos muros paralelos de piedra del lugar conforman el acceso. Uno de ellos, de contención, libera un patio longitudinal de acceso, hundiéndose sutilmente en el terreno. Cruzado el segundo muro, el programa se fragmenta en distintos cuerpos metálicos y, entre ellos, se abren unas grietas que encuadran las vistas espectaculares sobre el amplio valle.

CASAS EN LA PLAYA

Elías y Alejandro Rizo manifiestan que "nos gusta experimentar y queremos que nuestras casas no siempre sean lo mismo, sino que más bien se parezcan a los clientes, a sus dueños."[11] Sin duda, hay reflexiones comunes en algunas casas, pero éstas no necesariamente definen su resultado

10. Fernández-Galiano, Luis. "RCR, romanticismo con *rigor*", en *RCR Arquitectes, 1988–2017*, Arquitectura Viva, 2017, p. 10.
11. Entrevista en Guadalajara y Tapalapa el 20 de junio de 2019.

final ni su forma. Por ejemplo, La Punta, un proyecto de casa en la playa, es un reflejo del cliente. Conservando la esencialidad volumétrica y sin recurrir al pintoresquismo de Marco Aldaco, que tanto inspiró a Elías Rizo en sus años de estudio, este proyecto refleja literalmente las solicitudes, eventualmente incoherentes, de un cliente que, paradójicamente, a los 15 días de vivir en la casa la vendió a unos amigos que la visitaron y se quedaron fascinados con ella. Los arquitectos sólo tuvieron que hacer algunas modificaciones, como incorporar una alberca que la clienta original nunca quiso. Luego, proyectaron otra casa para la misma clienta en San Miguel de Allende que, de nuevo, es totalmente atípica, ya que separa el programa en dos bloques, uno el de su vivienda y el otro para sus invitados y una galería, con un patio en medio.

Las dos residencias de playa en Ibiza diseñadas por Rizo para Sabina Estates, junto a otros proyectos de los ingleses David Chipperfield y John Pawson, el brasileño Marcio Kogan, Rick Joy de Arizona, Carlos Ferrater de Barcelona, Aires Mateus de Lisboa y el italiano Matteo Thun, encargadas por el desarrollador/inversionista/coleccionista de arte británico Anton Bilton y publicadas en algunos medios globales, posicionó a los arquitectos tapatíos en las grandes ligas de la arquitectura de lujo.

CASAS EN LA CIUDAD

La condición urbana, o mejor dicho suburbana, de buena parte de la producción de Elías y Alejandro Rizo tiene características propias. Un cierto ensimismamiento y discreción atemporal en todas ellas permitirá, como apunta Juhani Pallasmaa, "que la arquitectura mantenga su secreto y misterio impenetrables, con el fin de prender nuestra imaginación y nuestras emociones."[12]

Así, la Casa BE, ubicada en el Club Atlas junto al Bosque de los Colomos de Guadalajara, se muestra impasible desde el acceso de la calle, con una fachada plana y ciega. En cambio, en su interior, unas grandes puertas corredizas que se deslizan y ocultan propician la extensión del interior al exterior, con jacarandas y fresnos, y remiten a esas salas de estar exteriores y cubiertas de las haciendas tapatías.

La Casa LA, construida en 2013, tiene una doble entrada paralela, una para coches y otra para recorrer a pie al lado de un estanque. Una sala familiar se convierte en una caja de vidrio que flota sobre el estanque, y unos *neems* —árboles sagrados de la India— ocupan el siguiente patio, mientras que las salas de estar paralelas, interior/exterior, van completando el recorrido en profundidad. En el nivel superior, unas terrazas y amplios balcones se convierten en los espacios idóneos para ver caer la lluvia intensa de verano.

12. Pallasmaa, Juhani, *Los ojos de la piel*, Barcelona, GG, 2006, p. 63.

Elías Rizo coincide con aquella reflexión de Eileen Gray, donde apuntaba que "la arquitectura del exterior parece que ha interesado a los arquitectos de vanguardia a expensas de la arquitectura del interior. Como si una casa tuviera que concebirse para el placer del ojo más que para el bienestar de los habitantes."[13]

En este sentido, con la Casa Oval todavía es más evidente el rechazo a exhibir su contenido al exterior. La neutralidad minimalista y críptica en su expresión hacia la calle, sólo insinúa un nivel de sofisticación en el detalle de la esquina de acceso, tanto por el encuentro de los materiales —aplanado, acero y madera— como por la inquietante ubicación de la pequeña ventana que ilumina la escalera interior. Unos patios en el nivel superior vacían el volumen para no exceder la superficie solicitada, añadiendo entradas de luz natural.

En la Casa DSPR la ritualización del paseo arquitectónico inicia desde el ingreso y cruza distintos ámbitos interiores y exteriores, generando complejidad y una perspectiva profunda, que fluye con distintas luces y temperaturas, sólo interrumpidas por la escalera colgada que se atraviesa sobre el eje visual que la articula. Entendemos aquí, parafraseando de nuevo a Pallasmaa, que "el ojo es el órgano de la distancia y de la separación, mientras que el tacto lo es de la cercanía, la intimidad y el afecto."[14] Las visuales que acompañan el recorrido interior y exterior se complementan con la riqueza de materiales tangibles a su paso. Las casas GM, NS y SE recurren a estrategias compositivas similares, con un prisma que flota sobre el basamento de sus respectivas plantas de acceso. Si la primera abre unos grandes ventanales en ambos lados del piso superior para privilegiar las vistas lejanas y protegerse de las miradas vecinas, las otras dos recurren a celosías conformadas por bandas metálicas verticales que eventualmente pueden abrirse, liberando una generosa terraza corrida hacia la calle, o cerrarse para convertir el nivel superior en un prisma aparentemente sólido. La Casa LA reincide con estrategias similares, donde unos prismas ocupan el ancho del terreno y flotan sobre un basamento remetido, mientras que el recorrido en la planta baja discurre en sentido longitudinal hilvanando espacios interiores y exteriores.

La Casa AP no sólo es la residencia de mayor superficie construida sino quizá sea la más sofisticada tanto en su espacialidad, como en el uso de materiales exquisitos y tecnologías de última generación. Las soluciones constructivas son una lección permanente de perfección y refinamiento artesanal. Recorrer y ver cómo se empatan las maderas en una misma gama de grises, cómo se definen las juntas de las piedras de fachada y de las uniones del mármol calacatta, de la cantera de Indonesia, del basamento de cantera de Chapala o del granito, denota una obsesiva precisión de los despieces y del buen trabajo de los artesanos locales. A su vez, la fluidez de los espacios es compatible con la posibilidad de fragmentar

13. Gray, Eileen, "From eclecticism to doubt", conversación entre Eileen Gray y Jean Badovici, publicado en *L´Architecture Vivant* 1929, citado en Pallasmaa, Juhani, *Los ojos de la piel*, p. 63.
14. Pallasmaa, *op. cit.* p. 47.

en áreas herméticas distintas zonas para incrementar su seguridad. Como mencionaba Deyan Sudjic a propósito de la obra de John Pawson, también en esta obra "la simplicidad lleva consigo cierta monumentalidad. Esto se corresponde con la esencia fundamental de la arquitectura: compresión y expansión, corrimiento y transparencia."[15]

EDIFICIOS URBANOS

En Guadalajara hay una conciencia colectiva especial en relación a la incidencia solar. En particular, el sol del poniente se considera sumamente agresivo. Si bien la capital tapatía goza de un agradable clima templado, su arquitectura ha incorporado una amplia variedad de soluciones tipológicas de espacios abiertos pero protegidos del poniente, salas de estar al aire libre aunque cubiertas y con azoteas, patios y terrazas pergoladas. La arquitectura debe asegurar el confort y garantizar la intimidad. Con la larga experiencia de Elías Rizo en proyectos domésticos, no es de extrañar que, al abordar unos proyectos de mayor escala inmersos en la ciudad, la fachada se convierta en el eje proyectual, enfatizando su capacidad de protegerse del incisivo sol de poniente y, a su vez, preservar la privacidad de sus interiores.

Así el edificio de oficinas de Loma Chapalita es un prisma que flota sobre la planta baja remetida y se conforma de una fachada de parteluces metálicos móviles que generan una cierta vibración a los seis niveles que sobresalen del modesto contexto suburbano. Si bien el impacto del edificio implica un cambio de escala que pudiera leerse invasivo, la elegancia y neutralidad con que se asienta el nuevo volumen tardomoderno atenúa su inserción y sugiere el camino de la futura transformación de una ciudad que, hasta ahora, se ha expandido horizontalmente. Tras los parteluces verticales que envuelven todas las fachadas, los diáfanos paños de vidrio de piso a techo permiten el paso de ventilación cruzada por las áreas de oficina flexible, sólo interrumpidas por el cuerpo de servicios, elevadores y escaleras. De nuevo, el cuidado en los detalles de Elías y Alejandro Rizo y su capacidad para resolver desde la complejidad constructiva y la atemporalidad hacen de este nuevo edificio un referente urbano.

El edificio de departamentos en Loma Guadalupe también supone un cambio de escala en Zapopan, con sus seis niveles de departamentos, la planta de acceso y cuatro niveles de estacionamiento. Tres departamentos por nivel ofrecen distintas soluciones, abriéndose a las fachadas o al patio cuadrado central. La fachada principal orientada al sur se protege con los balcones de concreto y unas sutiles mallas metálicas móviles por encima de los barandales que generan una cierta vibración. Quizá la mejor propuesta urbana la hallamos en el edificio de oficinas

15. Sudjic, Deyan, *Introducción John Pawson*, Barcelona, GG, 1998, p. 14.

Frater Neruda, ubicado en la zona financiera de Guadalajara, donde Rizo aplica en buena medida las enseñanzas del clasicismo moderno de Mies, tanto en la implantación del prisma construido como en las soluciones de la fachada. Como en el Edificio Seagram que se remete de Park Avenue liberando una plaza pública en frente, la torre Frater Neruda deja distancia entre la calle y su acceso, medio nivel más alto. A su vez, los profundos parteluces verticales de la fachada protegen de la incidencia solar y aseguran cierta privacidad, además de proponer un cierto orden clásico —basamento, fuste, capitel— que bien puede leerse, de nuevo, en clave miesiana (por la que pasaron otros tardomodernos como David Chipperfield o Carlos Ferrater) con la planta baja remetida y a doble altura, un *piano nobile* de mayor altura, nueve niveles de oficina y un último nivel de remate que, al igual que el primer piso, es más alto que las plantas intermedias y separa azarosamente sus parteluces de fachada. La esquina manifiesta el encuentro entre las parrillas de concreto de ambas fachadas sobre las aristas de las columnas extremas. Un edificio culto, discreto y atemporal.

Al final de su vida, Frank Lloyd Wright aseveraba que "lo que más se necesita en la arquitectura es exactamente lo que se necesita en la vida: integridad."[16] Si algo denotan las obras realizadas por Elías y Alejandro Rizo en los últimos años, es precisamente esa integridad con la arquitectura, con el uso coherente y sensible de los materiales, con la interpretación del lugar y, sobre todo, con sus clientes. Una obra, resultado de un diálogo permanente con sus moradores, para conjuntar la terna que proponía Siza —lugar, tipología y definición de la forma— con el famoso credo de Le Corbusier: "La arquitectura es el juego sabio, correcto y magnífico de los volúmenes bajo la luz."[17] Arquitectura para ser vivida con integridad y que ha surgido del diálogo permanente con los clientes, con los constructores y los proveedores, que con el tiempo reconocen todos ellos la profesionalidad de Elías y Alejandro Rizo.

16. Wright, Frank Lloyd, *Integridad*, ed. Victor Lerú, Buenos Aires, 1962, p. 314.
17. Le Corbusier, *Hacia una arquitectura*, Apóstrofe, Barcelona, 1998, p. 16.

ELÍAS RIZO: THE INTEGRITY OF ARCHITECTURE

MIQUEL ADRIÀ

Architecture to be lived. Sometimes discreet, almost invisible to the careless gaze, it then appears like a tailormade suit whose details, proportions, materials, temperatures, textures, and lighing fit to perfection. Architecture that slowly distills its form and beauty, assaying the sense of the measure and finesse of the construction, eschewing pretension and retaining modesty and decorum.

The architecture of Elías Rizo Suárez (Mexico City, 1967)—who set out on his own before being joined by Alejandro Rizo in 2009 and later by his son, Elías Rizo Oroz—has always strived to create high-quality, delightful works of architecture. Rizo shares Peter Zumthor's criteria: "Architecture, after all, is made for our use. It is not a free art in that sense. I think architecture attains its highest quality as an applied art. And it is at its most beautiful when things have come into their own, when they are coherent."[1] Similarly to the Swiss maestro, Rizo also builds atmospheres as an aesthetic category, merging the spectacular with the intimate.

Rizo also works on the same assumption as Pallasmaa that "architectural space is lived space rather than physical space, and lived space always transcends geometry and measurability," and that such a space was "an architecture that addresses our sense of movement and touch as much as the eye, and creates an ambience of domesticity and welcome."[2]

Elías Rizo's first steps toward architecture include journeys of discovery and experiences accumulated during his learning process. His travels helped put what he learned into order, always rooted in their place, culture, and time. From his earliest works Elías assumed that "the main purpose of the firm was to make his clients happy without trying to stand up and be counted as architects."[3] As he acknowledges himself, there are three pillars to his work: his training in Guadalajara, his sojourn in Barcelona, and his carefully selected range of contemporary influences.

He took an interest in architecture from the age of 10, when his parents built their house in La Piedad, Michoacán. The architect was Pepe Suárez, his mother's cousin (and partner of Fernando García Bringas) who lived in Mexico City. He went to study in the United States when he was 14, and had already decided to become an architect by his return. He decided to study at the ITESO university, which he already knew as the best architecture school in Guadalajara.

He had excellent professors at the Architecture School, such as Ignacio Díaz Morales—founder of the ITESO's School of Architecture—who was still on the faculty and with whom Rizo developed a very close relationship. Marco Aldaco was another important influence from Guadalajara. Although he did not teach courses he accompanied Rizo to visit some of his works. At that time Carlos Petersen was the director of the Architecture School, and when Elías was studying his eighth semester, the Royal Institute of British Architects (RIBA) invited Mexico City's Iberoamericana and Guadalajara's ITESO

1. Zumthor, Peter. *Atmospheres*. Birkhauser, 2006, p. 69.
2. Pallasmaa, Juhani, *The Eyes of the Skin*, John Wiley & Sons, 2005, p. 64 and p. 69.
3. Interview with Elías Rizo, Chapala, 20 June 2019.

universities to participate in an international student competition: Elías was one of those chosen to take part in the competition *Monument and Counterpoint*, having to choose between paying tribute to Dr. Atl or José Clemente Orozco. The young student opted for Orozco with a very powerful proposal. With the help of Hugo González, and after working on it the entire semester, his project was chosen. Three students sent their project designs to London and in the summer a letter was delivered to Carlos Petersen's office, addressed to Elías Rizo, announcing he was runner-up. A team from Madrid had won, and Rizo was given a special mention. It was a sign of things to come.

Upon finishing his architecture degree, a close friend commissioned him to design his house and he fully devoted two years to the project. On completing it, he went to study an MA at Barcelona's Architecture School. His first built house bore all the hallmarks of the Guadalajara School, with lattices, blind walls, extruded windows, patios, stone flooring, etc. His friend still lives there, and he is adamant that it is still the best house that Elías has ever built.

His time in Barcelona was enlightening for him. The post-Olympic city was the destination of choice for Guadalajara's architects, as well as Argentinians from Rosario and Colombians from Medellín. His friend Antonio Riggen, who had preceded him, advised him how to get into the Politécnica de Cataluña and he studied the Maestría de la Gran Escala directed by Eduard Bru, with Enric Miralles as his teacher. This experience was stimulating both for the master's course itself and actually living in Barcelona. Rizo refers to a city with "a rich architectural tradition that hosted conferences with architects from around the world. Barcelona was a crossroads at that time."[4]

He found himself confronted with a local reality on his return to a Guadalajara that was "culturally stuck in a rut and a rather dispiriting influence from the U.S. with new subdivisions dotted with little domes."[5] Working solo and without experience of being employed by another firm before, he began to work on some projects that went against the prevailing trends of those years. His contemporaries included Miguel Echauri and Álvaro Morales, Luis Esquina, Ricardo Agraz, and Paulino DiVece, later followed by the generation of his brother, Alejandro Rizo, such as Salvador Macías, Magui Peredo, and Alejandro Guerrero (who also studied their MAs in Barcelona), who found a more refined and open Guadalajara.

Alejandro Rizo Suárez (Mexico City, 1978) is 11 years younger than Elías. Aged 12, while studying 6th grade at primary school, he was impressed to see his elder brother already at university, making a model of a park. From that point on, he knew he wanted to become an architect too. After a year of high school in New York, he studied Architecture at ITESO and in 2003 won an ARPAFIL competition (I was a member of the jury). Two of his teachers left a particular mark on him: Sergio Ortiz and Alfredo Hidalgo. After studying he worked for three years in Elías's studio, hoping for the right time to study a Master's degree, but the constant flow of work meant that the moment did

4. Interview in Guadalajara and Tapalapa, 20 June 2019.
5. Ibid.

not come until he became fascinated by the MA in Housing in Barcelona, directed by Josep María Montaner and Zaida Muxí, and he decided to follow in Elías's footsteps. Before departing for Barcelona he rented an apartment and upon his arrival he discovered the building had been designed by Carlos Ferrater and was just one block away from the Sagrada Familia. Perhaps the three years of working in the business gave him the maturity to be completely focused on his master's course, which he remarks ended up being one of the most importance experiences of his life.[6] Along with the aforesaid directors of the course, his other teachers were Carlos Ferrater, Rosa Rull, Josep Bohigas—supervisor of his final project—Ricardo Flores, and Eva Prats, and he attended several conferences given by RCR and Benedetta Tagliabue, among others.

His position was still waiting for him when he returned to Guadalajara in 2009 and everything remained the same except that Alejandro had matured during his intense academic learning period. One of his best friends, and a classmate at high school in New York for a year, decided that he would wait for his return in order to commission him to build his house. Oval House marked the beginning of a new period when he worked alongside his elder brother Elías with undivided intensity. He had learned the trade with Elías, and Barcelona helped him to develop intellectually. Elías was exacting, from small designs (such as the letterbox in TOC House) to larger projects. In fact, Alejandro's generation benefitted from the efforts of its predecessor. During the master's program in Barcelona, his peers were Salvador Macías and Magui Peredo and he was good friends with Alejandro Guerrero, who went on to set up Atelier Ars with Andrea Soto.

Elías Rizo Oroz (Guadalajara, 1997) recently joined the studio after excelling at Mexico City's Anáhuac University and studying courses at top international universities. He has won academic awards that promise further successes with the influence of the new generation.

From the outset Elías Rizo designed and built his projects in Guadalajara. He did everything alone. So from 1996 to 2006, he worked every day of the week, designing, visiting clients and providers and barely getting more than three hours sleep. Guadalajara society is complicated and Elías Rizo was not a local boy. Opportunities to design family homes were limited in such an introverted and hermetic context. However, one of his first commissions in 2003 was a 300-square-meter house with exposed concrete walls, which triggered demand for one project after another. MO House was a watershed for contemporary architecture in the city—branded as being factory-like, as happened to Juan O'Gorman with his studios for Diego Rivera and Frida Kahlo many years before—leaving behind the Guadalajara School of his teachers to take his own path.

During a conversation with Álvaro Siza, Kenneth Frampton tried to connect three aspects that could define a certain method of planning employed

6. Interview with Alejandro Rizo, 23 November 2020.

by the Portuguese maestro: firstly the place, secondly the typology, and thirdly the definition of the volumes.[7] Applying the same criteria and method, Elías Rizo's architecture's approach to both rural and urban sites acquires particular characteristics. In Tapalpa he only builds with adobe. And this material led the Rizo brothers to become identified with a mountain architecture. Subsequently they received a commission in Miami and two more in Ibiza and the place along with the typology again defined the form.

Elías Rizo always keeps his eyes and ears open. Knowing how to see has taught him valuable lessons and is perhaps influenced by his teachers Díaz Morales, Hugo González, Bricio Fernández, and Sergio Ortiz, and his journeys from Barcelona to visit Le Corbusier's works. During one of those pilgrimages, one of the works that perhaps made the strongest impression on him were Peter Zumthor's thermal baths in Vals. The local textures, colors, and materials chimed with his interests as never before: he was moved by the sight of its realization. Zumthor's architecture made him aware of the power of gravity and earth, levels of intimacy and light on things.[8] Exploring the thermal baths, Elías Rizo understood that the work of creating atmosphere is a craft, with its procedures, interests, instruments, and tools. The young architect absorbed some ideas of the Swiss "cabinet-maker"—as Ignasi de Solà-Morales calls him—and ever since his designs relate to "the body of architecture and the material presence of things; material compatibility, materials react with one another and have their radiance, so that the material composition gives rise to something unique; the sound of a space, interiors are like large instruments; the temperature of space; surrounding objects, between composure and seduction; the tension between interior and exterior, inside or outside, thresholds, crossings, the transition, and the sense of place."[9]

MOUNTAIN HOUSES

Those sequences of dualities noted by Zumthor somehow manifest themselves in a pair of houses built for the two Maldonado brothers where stone bases on a single level support lightweight bodies with roofs sloping inwards to contain other dualities, such as the interior and exterior living rooms, with their respective interior and exterior chimneys. GG House, meanwhile, is an artefact designed so that its sole occupant can enjoy expansive views. As in some RCR houses, this two-headed chamber of rust-stained steel plate, inserted among pines and oaks, is, in the words of Luis Fernández-Galiano —"essential and eloquent."[10] Walking down to the house gives you control over the sequence of perspectives. Once inside, the views are framed by the monumental rocks of the nearby mountain and the infinite panorama that directs the gaze finally onto the peak of the Nevado de Colima. The owner

7. Frampton, Kenneth, "Álvaro Siza Vieira, A pool in the sea", IITAC/Actar, 2013, p. 21.
8. Zumthor, Peter, *Atmospheres*, Birkhauser, 2006, p. 69.
9. Ibid. paraphrased from various pages.
10. Fernández-Galiano, Luis. "RCR, romanticismo con *rigor*", en *RCR Arquitectes, 1988–2017*, Arquitectura Viva, 2017, p. 10.

happens to have a telescope and a now-obsolete plate camera in his living room and he uses them as tools to record the visual memory of a house that opens up as a double camera obscura.

Elías Rizo's first experience in the wooded area of Tapalpa was in fact building his own house, RO, in 2007, where the architect could first experiment with an outer stone wall, inserted along the line of the slope like a Richard Serra sculpture. Another interior parallel wall, of light-colored wood, provides a junction like a large piece of furniture, with a corridor running lengthways between both walls; the living room is at the bottom end and the master bedroom above. A sloping roof floats freely over the walls. Nearby, TOC house is located amid the pine trees. Its L-shaped plan, with inner corridor, distributes the bedrooms on one side and the kitchen and interior and exterior living room on the other. Subsequently, an apparently hermetic wooden box houses a small studio and completes the square that frames an enclosed landscape within the vast forest.

Also in Tapalpa, although in a more open context, BS House is located on the edge of a plateau. Again the parallel walls made of local stone create the entrance. One of the retaining walls frees up a longitudinal entrance courtyard, subtly sinking into the ground. Across the second wall, the program is divided up into various metal volumes, and between them some openings frame spectacular views over the wide valley.

BEACH HOUSES

Elías and Alejandro Rizo declare that they "like to experiment, creating houses never the same but reflecting their clients, their owners."[11] Similar concepts can be found in some of the houses, but these do not necessarily define their end result or their shape. For example, La Punta, a beach house project, reflects their client's wishes. Conserving its volumetric essence and without resorting to Marco Aldaco's picturesque approach that was such a strong inspiration for Elías Rizo as a student, this project literally reflects the ultimately incoherent requests of a client who, paradoxically, after 15 days of living in it, sold the house to some friends who visited and loved it. The architects only had to make a few adaptations, such as adding a swimming pool that the original client never wanted. Then they designed another house for the same client in San Miguel de Allende. Again, it is completely atypical as the program is separated into two blocks: one for the family living areas and the other for guests and a gallery, with a courtyard in between.

The two beach houses in Ibiza designed by Rizo for Sabina Estates, along with designs by English architects David Chipperfield and John Pawson, the Brazilian Marcio Kogan, Rick Joy de Arizona, Carlos Ferrater of Barcelona, Aires Mateus of Lisbon, and Matteo Thun from Italy, hired by the developer/

11. Interview in Guadalajara and Tapalapa, 20 June 2019.

investor/art collector Anton Bilton and published in some global media outlets, positioned the Guadalajara architects among the major leagues of luxury architecture.

TOWN HOUSES

Elías and Alejandro Rizo's urban or rather suburban houses have a particular quality to them. A certain inwardness and timeless discretion creates the possibility, to use Juhani Pallasmaa's words, "[the architecture] has to maintain its impenetrable secret and mystery in order to ignite our imagination and emotions."[12] As such, BE House in the Club Atlas next to Guadalajara's Bosque de los Colomos is impassive to the gaze from the street with its flat, blind façade. Inside, however, large sliding doors conceal and reveal the boundary between interior and exterior space, with jacaranda and ash trees, and evoke the exterior and interior living areas of a Guadalajara hacienda.

As such, BE House in the Club Atlas next to Guadalajara's Bosque de los Colomos is inscrutable to the gaze from the street with its flat, blind façade. Inside, however, large sliding doors conceal and reveal the boundary between interior and exterior space, planted with jacaranda and ash trees, evoking the exterior and interior living areas of a Guadalajara hacienda.

LA House, built in 2013, has a double parallel entrance, one for cars and the other to enter by foot alongside a reflecting pool. A family living room becomes a glass box floating above the pool, and some *neems*—sacred trees from India—fill the next courtyard, while the parallel interior/exterior living areas add depth. On the upper story, some terraces and large balconies become perfect places to watch the intense summer rains.

Elías Rizo agrees with Eileen Gray's idea that "architecture of the exterior seems to have interested architects of the avant-garde at the expense of architecture of the interior. As if a house were to be conceived for the pleasure of the eye rather than for the wellbeing of the inhabitants."[13]

In this sense, the Oval House's rejection of showing the interior to the exterior is even more pronounced. The minimalist and cryptic neutral expression facing the street, only insinuating a level of sophistication in the detail at the corner entrance, as much for the contact of the materials—rendering, steel, and wood—as for the disconcerting position of the small window that lights up the interior stairs. Some patios on the upper level empty out the volume in order to stay within the requested surface area, adding apertures for natural light to enter.

For the DSPR House, the ritual of the architectural promenade begins at the entrance and passes through various interior and exterior spaces, creating complexity and a deep perspective, flowing with various lights and temperatures, only interrupted by the hanging stairs that cut across the visual

12. Pallasmaa, Juhani, *The Eyes of the Skin*, John Wiley & Sons, 2005, p. 62.
13. Gray, Eileen, "From eclecticism to doubt", dialogue between Eileen Gray and Jean Badovici, published in *L'Architecture Vivant* 1929, quoted in Pallasmaa, Juhani, *The Eyes of the Skin*, p. 63.

axis that articulates it. Again we understand here, quoting Pallasmaa once more, that "the eye is the organ of distance and separation, whereas touch is the sense of nearness, intimacy and affection."[14] The visuals that accompany the interior and exterior routes are complemented by the richness of the tangible materials along the way, The GM, NS, and SE Houses use similar compositional strategies, with a prism floating over the base of their respective access levels. GM House has picture windows on both sides of the upper story to offer distant views while protecting from the gaze of neighboring properties; the NS and SE Houses use vertical metal lattices that can be opened, creating an ample, long terrace onto the street, or closed to turn the upper story into an apparently solid prism. LA House uses similar strategies, where some prisms stretch all the way across the plot and float over a setback base, while the ground floor runs longitudinally, joining interior and exterior spaces.

AP House is not only the residence with the largest built area but also the most sophisticated both in terms of its spaces and its use of exquisite materials and the latest technologies. The structural solutions are a permanent lesson in perfection and fine craftwork. Observing the harmonious assembly of woods in the same gray palette, the joints between the stones on the façade and the Calacatta marble, the Indonesian stone, the granite and stone from Chapa combine to reveal an obsessive precision of the local craftsmen's cuts and workmanship. The spatial fluidity is also compatible with the possibility of fragmenting different areas into closed-off spaces in order to increase security. As Deyan Sudjic said about the work of John Pawson, this work also shows how "simplicity brings with it certain monumentality. It accommodates the fundamental essence of architecture, compression and release, enclosure and transparency."[15]

CITY BUILDINGS

Guadalajara has a special collective awareness about solar orientation. In particular, sunlight from the west is considered particularly fierce. Although Jalisco's capital enjoys a relatively pleasant climate, its architecture has incorporated a wide variety of typological solutions for open spaces that are protected from the west, with open-air living areas that have roofs and rooftops, courtyards and pergola terraces. Architecture should ensure comfort and ensure intimacy. With Elías Rizo's vast experience of residential housing projects, it is no wonder that when he takes on larger projects in the city, his façades become the core of the design, emphasizing their ability to provide shelter from the strong sun from the west while also maintaining the privacy of the interiors.

14. Pallasmaa, *op. cit.* p. 46.
15. Sudjic, Deyan, *Introduction John Pawson*, GG Barcelona, 1998, p. 14.

The Loma Chapalita office building is a prism floating over a set-back lower floor formed by a façade of adjustable mesh louvers that create a certain sense of movement over the building's six stories in its modest suburban context. Although the impact of the building implies a shift in scale that could be described as invasive, the elegance and neutrality of this late-modern volume softens this effect and suggests a way forward for the city's future transformation that, until now, has sprawled horizontally. Behind the vertical louvers that wrap around all of the façades, the diaphanous floor-to-ceiling window panes allow for cross-ventilation through the flexible office areas —the flow of air is only interrupted by the service nucleus, elevators, and staircases. Again, the detailed approach of Elías and Alejandro Rizo and their adept handling of complex, timeless constructions has turned this new building into an urban landmark.

The Loma Guadalupe apartment building is another change of scale, this time in Zapopan, with six stories of apartments, a lobby floor, and four parking levels. Three apartments on each story have various solutions, with views looking out from the front of the building or onto the square central courtyard. The main south-facing façade is protected by concrete balconies and adjustable metal grilles above the railings that create a particular vibration.

Perhaps the Frater Neruda office building is the most accomplished of all of these urban projects. Located in Guadalajara's financial center, this project largely reflects Rizo's learning from Mies' classic modernism both in terms of the implementation of the built prism and in the façades. As in the Seagram Building set back from Park Avenue to carve out a public plaza, the Frater Neruda tower leaves space between the street and its entrance, half a story higher. Meanwhile, the deep mullions on the façade help reduce solar gain and offer a degree of privacy, as well as evoking a certain classical feel—base, shaft, capital—that again has a Miesian quality (a characteristic shared by other late-modernist architects such as David Chipperfield and Carlos Ferrater) with the double-height ground floor that is set back, a higher *piano nobile*, nine stories of offices, and a top floor that, like the first floor, has higher ceilings than the intermediate floors and randomly separates it from the façade's mullions. The corner shows the joint between the concrete grilles of both façades over the edges of the outer columns. A cultured, discreet, and timeless building.

At the end of his life, Frank Lloyd Wright wrote that "what is needed in architecture today is the very thing that is most needed in life: Integrity."[16] If the body of Elías and Alejandro Rizo's work in recent years could be summed up, it could accurately be described as architecture with integrity. An architecture that makes coherent and sensible use of materials. An architecture that interprets the location, and its clients. The studio's work derives from an ongoing dialogue with the occupants, in order to combine Siza's three commandments (place, typology, and definition of the form) with Le Corbu-

16. Wright, Frank Lloyd, *Integrity*, in The Natural House, 1954, ed. Kaufman, Edgar; Raeburn, Ben (eds.), Frank Lloyd Wright: Writings and Buildings, Horizon Press, New York 1954, p. 129.

sier's famous creed: "Architecture is the masterful, correct, and magnificent play of volumes brought together in the light."[17] An architecture to be lived with integrity and that has emerged out of frequent conversations with clients, builders and suppliers, who have all acknowledged the professionalism of Elías and Alejandro Rizo.

17. Le Corbusier, *Toward an Architecture*, Getty Research Institute, Los Angeles, 2007, p. 102.

SIN NOSTALGIA APARENTE. SOBRE LA ARQUITECTURA DE ELÍAS RIZO ARQUITECTOS

ALEJANDRO GUERRERO G.

No recuerdo haber comentado esto ni con Elías ni con Alejandro, pero creo que fue una cierta cualidad lo que me llevó a acercarme a su trabajo hace ya muchos años. Era muy común que, siendo aún estudiante, e incluso ya como recién egresado, fuera yo a visitar las obras de otros arquitectos —con o sin invitación— con el único afán de conocer y aprender de su trabajo. A finales de los 90, Elías Rizo era un arquitecto todavía muy joven, pero que rápidamente había logrado posicionarse en un lugar visible para los clientes y también para los arquitectos. En alguna ocasión, fui a buscar una de sus casas por la zona de Santa Isabel en Zapopan. Mi sorpresa fue que encontré no solamente una, sino tres casas de su autoría alrededor de una misma manzana: dos de ellas terminadas y una más en construcción. Lo que inicialmente me llamaba la atención de esas casas era su aspecto decididamente contemporáneo. No había en ellas ningún dejo de nostalgia visible, o al menos así me lo parecía en aquel entonces. En alguna de ellas, por ejemplo, pude observar un partido arquitectónico *sui generis*, ya que no se acomodaba de manera convencional, y de esa forma atendía de manera diferente a la geometría y a las proporciones del terreno. Otra de ellas, emplazada en un terreno amplio, se recogía de manera compacta y se elevaba claramente como un mirador. Todas ellas tenían una gramática particular que las destacaba con respecto a otras arquitecturas visibles por aquellos años.

Esto lo he podido confirmar recientemente, al revisar el libro *20 Obras* —una especie de radiografía de lo que sucedía en la arquitectura tapatía hace 20 años— al analizar los trabajos que lo integran. Por un lado, en el libro se pueden observar un buen número de obras que se alineaban con la Escuela Tapatía de Arquitectura; hecho observable en la utilización de elementos tradicionales como arcos, viguería de madera, postigos y en un claro predominio del macizo sobre el vano. Por el otro, aparece lo que en ese momento era una generación nueva, cuyos intereses parecían dirigirse en otra dirección; posiblemente más preocupados por emparentarse con corrientes internacionales. Cada una de esas posturas me parecían —y me siguen pareciendo— atractivas en sus propios términos, dado que considero que la arquitectura es una disciplina que se ejerce mediante un complejo trabajo de hibridación entre el conocimiento del pasado, la conciencia del presente y el ansia de futuro. La obra de Elías que apareció en aquella publicación —y la de otros como Francisco Ugarte y Foit— me parecía particularmente sugerente en aquellos años, porque en realidad se trataba de un proceso en el cual se estaba llevando a cabo una cierta búsqueda, sensiblemente diferente a lo que tanto él como yo habíamos escuchado y recibido como estudiantes de arquitectura en el ITESO. Dicho de otra manera, lo que me resultaba atractivo de sus proyectos era su modernidad, atendiendo a la doble acepción de la palabra: modernidad entendida como "actualidad" y modernidad entendida "en relación con el Movimiento Moderno". Al analizar el trabajo actual de Elías ya en equipo con Alejandro, me vuelve a dar la impresión de que existe una cercanía con cierto tipo de modernidad; una menos canónica que la de los grandes maestros como Le Corbusier o Mies, en la cual es posible observar una arquitectura más cercana a la vida que al manifiesto.

LO MODERNO COMO TRADICIÓN

En alguna conversación de pasillo que tuve la oportunidad de escuchar, un profesor de la ETSAB afirmaba que el movimiento posmoderno, afortunadamente, no había tenido mucho éxito en España debido a una cierta condición de lejanía de las escuelas de arquitectura españolas con respecto a los centros más cercanos a la posmodernidad como Yale o Harvard. "El Posmodernismo nos pasó de noche" decía aquel profesor, como agradeciendo cierta condición de rezago. Este hecho se vuelve probablemente más claro al conocer, a través de publicaciones de la época como *2C Construcción de la ciudad*, que se tuvo una mayor afinidad con Italia a través de figuras como las de Aldo Rossi y Giorgio Grassi. No significa que se ignoraran los postulados de Venturi y de toda aquella corriente, pero al menos para quienes estudiamos posgrados en la ETSAB, al atender las clases de profesores como Helio Piñón, Josep Quetglas o Xavier Monteys, daba la impresión de que la escuela se alineaba más claramente con el pensamiento moderno. Es por ello que, estudiar a Arne Jacobsen, por ejemplo, era mucho más frecuente que escuchar algo sobre Michael Graves, afortunadamente. Todo esto es claramente visible en la obra de Elías y de Alejandro —ambos egresados de posgrados de la ETSAB— ya que su obra parece hacerse en el encuentro entre una cierta filiación moderna y el entendimiento de las posibilidades de lo local.

Para ilustrar esta idea, traigo a la memoria uno de los textos más memorables del profesor Carles Martí, titulado *La casa binuclear según Marcel Breuer*. El patio recobrado, donde explica la evolución de la obra doméstica del maestro húngaro. En su análisis, el profesor Martí explica cómo la arquitectura de Breuer, tras su independencia de Gropius, va modificando sus postulados sobre la casa con el reconocimiento de dos paradigmas: la *long house* y la *bi-nuclear house*. La *long house*, más cercana al *cottage* americano, se recrea también en la idea de la casa-mirador moderna, desde cuya terraza elevada es posible disfrutar del paisaje desde una condición protegida. La *bi-nuclear house*, por su parte, es el tipo de casa cuya evolución ha derivado en la aparición de un patio y con la Casa Hooper II en Baltimore de 1959 alcanza sus cotas más altas. Entender el surgimiento de una casa con patio como fruto de una evolución lenta, paulatina y meditada a través de los años es entendible en climas más fríos como el de Estados Unidos, donde, al menos en su región norte, el clima no parece sugerir su utilización de manera tan natural e inmediata. Por el contrario, en latitudes como la de Guadalajara, donde el clima todavía es muy amigable, las casas con patio resultan tan naturales, que en ocasiones es posible obviar la aportación que todavía significa la recuperación de ese tipo de espacios para la arquitectura tapatía. Me resulta por demás interesante recordar que, aquella primera obra de Elías Rizo, en cuya búsqueda me afané a finales de los años 90, era ya una casa con patio y mirador; formas que, a mi juicio, siguen siendo constantes en su repertorio y por ello, han significado también el lugar idóneo dónde continuar sus indagaciones, ahora en compañía de Alejandro, su hermano.

RECINTOS Y MIRADORES

Tampoco recuerdo haber comentado ni con Elías ni con Alejandro sobre alguna posible afinidad con las casas de Marcel Breuer, pero me resulta muy revelador el hecho de que sus casas de ciudad sean, en su mayoría, casas articuladas por patios, y que sus casas en Tapalpa se comporten como miradores longitudinales. Este hecho tiene una explicación lógica: mientras las casas de ciudad deben constituirse como refugios donde sea asegurada la intimidad, las casas en parajes naturales como Tapalpa deben acomodarse sabiamente sobre la topografía para que se abran al paisaje con mayor seguridad para obtener vistas lejanas. Las casas con patio tienen sus propias constantes. Para el caso de la Casa DSPR (2017) son dos los patios que resuelven la planta y las relaciones entre los espacios. El primero se propone como una fuga larga que te adentra en el terreno hasta alcanzar la entrada de visitas en su parte media: es un espacio de transición. El segundo es un recinto que se forma para, además de asegurar luz y ventilación en la planta alta, proponer una estancia pública abierta a dos costados con los beneficios climáticos y de experiencia espacial que esto supone. Algo no muy diferente sucede en la Casa LA (2014), donde la secuencia espacial además se ve enriquecida por la colocación lateral de la terraza, que añade una capa más a la experiencia de transcurrir por sus espacios. De entre sus casas-patio, llama la atención la manera en la que se resuelve la Casa AP (2018) —una casa binuclear a toda ley— debido a que el patio propuesto responde más a la idea de vacío que de espacio recintado. Dos volúmenes programáticos —público y privado— se acercan para producir un pórtico de entrada abierto que, en realidad, es la continuación espacial del patio al que precede. Cada uno de esos volúmenes, a su vez, se ve delimitado por pequeños patios frontales que resuelven la relación de intimidad con la calle para los espacios interiores. La materialidad pétrea de sus muros se transmite al interior hasta convertirse en una especie de zoclo alto que describe los dos niveles de la casa. Finalmente las terrazas, como en la mayoría de sus casas, se convierten en corolario de una secuencia espacial que va desde lo más hermético y opaco hasta lo más transparente y abierto, demostrando así un profundo interés en proponer una serie de experiencias ancladas a la idea de vida exterior, acorde con el clima de la ciudad donde trabajan.

En ocasiones y para cierto tipo de prácticas sucede que el paisaje donde se construye puede determinar la obra de un arquitecto y también la apreciación que se tiene de ésta. A un arquitecto como Rick Joy, por ejemplo, suele asociársele con el desierto, con materiales como el acero corten y los muros de tierra apisonada, aunque no toda su obra se encuentre en zonas desérticas ni utilice esos materiales. En su caso, se debe a que sus primeras obras se encuentran en el área de Arizona, donde vive y trabaja, y tendemos a asociar su arquitectura con ese tipo de paisaje. A mi juicio, Elías y Alejandro, quienes han tenido la oportunidad de trabajar en el extraordinario paisaje serrano de Tapalpa, han encontrado ahí el lugar idóneo para emprender una búsqueda formal y material más libre. Al analizar dos casas en esa zona, la Casa TOC y la Casa RO (2008), es posible advertir la intención de configurar una cierta gramática arquitectónica, capaz de establecer relaciones con el sitio y con su arquitectura tradicional. Las dos casas, que pueden entenderse como ensayos de una misma inquietud proyectual, trabajan la idea de tejado tradicional de madera, aunado a una estructura muraria de piedra rajuela típica de la zona, para definir un sistema edificatorio capaz de establecer lazos con el sitio. Y aunque en ambas existen elementos, que aún nos remiten a un cierto lenguaje más propio de sus casas de ciudad, las dos logran establecer un diálogo pertinente con el paisaje en el cual se han colocado. En este punto, no me resulta exagerado volver a recordar a Breuer y a sus *long-houses*, ya que las casas TOC y RO han sido resueltas como pabellones longitudinales —la primera forma una escuadra y la segunda es un cuerpo largo unitario— que se abren con libertad hacia el paisaje. Para el caso de la Casa VR (2013) y la Casa MM (2014), pareciera que se está asistiendo a una especie de cambio de paradigma o proceso de transformación, ya que las dos casas se nos presentan en un estado formal híbrido, donde la idea de tejado empieza a convivir con formas más abstractas, aunque la materialidad explorada anteriormente permanece. Su lenguaje heterogéneo pareciera revelarnos el deseo de sus autores, de experimentar con la idea de una arquitectura más contemporánea en el paisaje, y es por ello que la presencia del tejado tradicional parece haber perdido protagonismo a la hora de configurar la imagen general de las viviendas.

Una nueva sensibilidad se advierte al observar las casas BS (2014) y GG (2015), en las que su aspecto contemporáneo se ha potenciado a través de un proceso de abstracción formal y se ha obtenido una definición volumétrica más unitaria. Para el caso de la Casa GG, una cubierta invertida de concreto aparente se desarrolla paralela a la topografía, conformando un solo pabellón largo que está revestido de placas de acero. La casa se posa sobre un terraplén artificial cuya excavación ha dejado al descubierto grandes macizos rocosos que, en conjunto con las contenciones de piedra, delinean un espacio intermedio con una potencia paisajística importante. Por su parte, la Casa BS comunica inquietudes y definiciones similares en cuanto al emplazamiento de la casa en relación a la topografía, pero con un mayor grado de abstracción formal mediante la utilización de piedra rajuela para la mayoría de los muros. Pareciera que esta vivienda ha dejado de lado definitivamente los recursos típicos de anclaje formal con la tradición —tejado y viguería— para dar paso a una postura en la que el paisaje se vuelve el pretexto a partir del cual emprender la investigación. Para este proyecto, la condición espacial centrífuga del pabellón moderno —la casa-mirador— se aúna a una definición material más homogénea, que no deja de comportar cierta paradoja: mientras la casa se hace más abstracta, tiende a establecer relaciones más directas con el paisaje natural, al tiempo que su definición topográfica nos presenta a la vivienda desde las cotas altas, como un sistema de albarradas típicas de una delimitación agrícola.

La arquitectura de Elías y de Alejandro debe entenderse también desde la perspectiva de su manufactura. Si la atención e interés por el detalle, por las juntas, por los encuentros materiales y por el refinamiento constructivo siempre han sido temas de interés para la oficina, también encuentro una evolución importante al respecto de estas preocupaciones, que es visible en algunos de sus últimos proyectos construidos, en los cuales la expresión del detalle ha empezado a ser sustituida por la expresión del material mismo. Piedras labradas a mano donde se puede leer la acción del cuerpo sobre la materia, así como maderas y aceros dejados al natural aceptando su envejecimiento, parecen ser parte de un renovado repertorio de materiales, que, de fondo, lo que comunican es un cambio de paradigma importante.

Finalmente, considero que son dos los ingredientes que terminarán por informar y potenciar la obra de la oficina de Alejandro y Elías en el futuro próximo. Por un lado, me parece que el riesgo asumido con estas nuevas definiciones materiales y formales, descubiertas por sus autores a través del desarrollo de esta serie de casas de Tapalpa, y a juzgar también por los proyectos más recientes que he tenido la oportunidad de conocer y que aún se encuentran en proceso de desarrollo o de construcción, nos habla de un proceso de búsqueda interesante donde el paisaje y la abstracción formal se entienden como dos categorías que definirán los proyectos futuros. Por otro lado, la reciente incorporación de Elías Rizo Oroz al equipo, con quien tuve la fortuna de visitar y comentar la Tumba Brion y la Gipsoteca Canoviana de Carlo Scarpa hace algunos años, y cuyo talento como arquitecto ya ha sido demostrado —no obstante su corta edad—, seguramente terminará por aportar enormemente a una oficina cuyos encargos hace tiempo que han empezado a trascender el ámbito nacional.

NOSTALGIA NOWHERE IN SIGHT. ON THE ARCHITECTURE OF ELÍAS RIZO ARQUITECTOS

ALEJANDRO GUERRERO G.

I cannot remember ever mentioning this to Elías or to Alejandro, but I think that their work had a certain quality that attracted me many years ago. While still a student and even as a recent graduate, I often visited the works of other architects—invited or uninvited—simply in order to see and learn from their work. In the late 1990s, Elías Rizo was still a very young architect, but one who had swiftly become very visible for clients and also for others in his field. On one occasion I went in search of one of his houses in the Santa Isabel area of Zapopan in the state of Jalisco. To my surprise, I did not find just one but three of his houses all on a single block: two of them had been finished and another one was under construction. What initially impressed me about those houses was their uncompromisingly modern aspect. None of them betrayed the slightest hint of visible nostalgia, or at least that was what I thought at the time. In one of them, for example, I could observe a unique architectural parti that did not conform to convention and therefore was able to adapt differently to the terrain's geometry and proportions. Another of the houses, located on a large plot, was compact and clearly elevated as a mirador. They each employed a particular grammar that made them stand out from other architecture visible at the time.

I have been able to confirm this recently after studying the projects contained in *20 Obras*, a book that provides a snapshot of Guadalajara's architecture 20 years ago, including several works that display the traditional hallmarks of the Guadalajara school of architecture: arches, timber beams, shutters, and more solid masses than openings. But it also showed how a new generation was emerging with interests heading in a different direction, and a possibly more internationalist ethos. Both of these characteristics seemed (and still seem) attractive on their own merits, given that I consider architecture to be a complex discipline that combines knowledge of the past, awareness of the present, and concern for the future. Elías's work included in the book, alongside projects by Francisco Ugarte and Foit, made an impact on me at that time, because in fact it was a process that revealed a search, notably different to so much of what we had listened to and received as architecture students at the ITESO. In other words, what appealed to me about their projects was their modernity, in both meanings of the word: modernity understood as "current" and modernity in the sense of their "relation to the Modern movement." Analyzing Elías's current projects—now in collaboration with Alejandro—I continue to feel that there exists the same proximity to a certain kind of modernity, less canonical than Corbusian or Miesian works and closer to actual life than a manifesto.

I once overheard a corridor conversation when an ETSAB faculty member was asserting that the postmodern movement had fortunately gained little traction in Spain due to a certain remoteness of Spanish architecture schools from centers of learning such as Yale or Harvard that had a more postmodern outlook. "Postmodernism passed us by in the night," the professor said, as if expressing gratitude for having lagged behind the times. This situation possibly becomes clearer if we consider that postmodernism found more exponents in Italy thanks to figures such as Aldo Rossi and Giorgio Grassi, and as shown in publications from the period such as *2C Construcción de la ciudad*. This does not imply a lack of awareness about the ideas of Venturi et al. but that—at least for those of us studying postgraduate degrees at ETSAB under the guidance of professors such as Helio Piñón, Josep Quetglas, and Xavier Monteys—the school gave the impression that it was more clearly aligned with modern thinking. Therefore, when studying the work of Arne Jacobsen, for example, it was far more frequent to hear something about Michael Graves, fortunately. The work of Elías and Alejandro—both with ETSAB postgraduate degrees—clearly shows this quality as it seems to develop at the intersection between a certain modernity and the understanding of local possibilities.

In order to illustrate this idea, I recall one of the most memorable texts by the professor Carles Martí, called *La casa binuclear según Marcel Breuer. El patio recobrado*. In this piece of writing, the author explains the evolution of the Hungarian maestro's residential projects, and analyzes how Breuer, after parting ways with Gropius, shifted his ideas in recognition of two paradigms: the "long" and the "binuclear" house. The "long" house, with more in common with the American cottage, is also recreated in the idea of the modern mirador house, with terraces affording spectacular views over the landscape from a sheltered location. The "binuclear" house, on the other hand, is the kind of architecture that has evolved from the appearance of a courtyard with the Hooper II House in Baltimore (1959) as its prime example. It required a gradual evolution over the years for houses to have courtyards because in cold climates such as the United States, at least in its northern regions, the weather does not make this feature such a natural and immediate choice. By contrast, courtyards are such a natural choice for houses in temperate environments such as in Guadalajara that sometimes one can overlook the contribution that the recovery of such spaces means for the local architecture. I should also note that the first Elías Rizo project I set out to see in the late 1990s was a house with a courtyard and mirador, features I consider to be constant factors in the studio's repertoire and therefore also the ideal point for continuing his explorations, now in collaboration with Alejandro, his brother.

Nor do I remember ever mentioning to Elías or Alejandro any possible affinity with Marcel Breuer's houses, but I find it very revealing that their urban residences are mostly articulated by courtyards, and that their houses in Tapalpa act as longitudinal miradors. A logical explanation exists: while the city houses must offer shelter and intimacy, their rural counterparts in places like Tapalpa need to fit in well with the local topography to open up to the landscape more confidently for wider panoramas. The houses with courtyards have their own constancies. In the case of DSPR House (2017), two courtyards articulate the plan and relate the various spaces. The first one presents a distant vanishing point that guides you into the plot until you reach the entrance lobby in the middle area, a transitional space. The second is an enclosure that not only provides light and ventilation for the top floor but also creates an open living area for guests open on both sides with the resulting climatic benefits and spatial experience this implies. Something not dissimilar happens in LA House (2014), where the spatial sequence is also enriched by the lateral positioning of the terrace, which adds another layer to the experience of passing through the spaces. Among these courtyard houses, it is remarkable how the architects have designed the AP House (2018), an archetypally "binuclear" work. In this project, the courtyard responds more to the idea of a void than an enclosed space. Two volumes cater to two programs —one public, one private—that come together to produce an open entrance lobby that in fact is the spatial continuation of the preceding courtyard. Each one of those volumes is defined in turn by small frontal courtyards that provide intimacy for the interiors by providing shelter from the street. The stones used for the walls pass through into the interior until becoming a kind of tall frieze that describes both levels of the house. Finally, the terraces, as in most of the studio's houses, become a corollary of a spatial sequence ranging from the most hermetic and opaque to the most transparent and open, thus demonstrating a deep interest in proposing a series of experiences rooted in the idea of living life outside, suitable for the climate of the city where they work.

Occasionally, and for certain kinds of studio, the specific landscapes can define the work of an architect and how it is appraised. Rick Joy's practice, for example, is usually associated with the desert, with materials such as Corten steel and rammed-earth walls, although not all of his work is in such areas, nor does it always use those materials. In his case, this identification exists because his early works were in Arizona, where Joy lives and works, and therefore we tend to associate his architecture with that type of landscape. In my view, Elías and Alejandro, who have had the opportunity of working in the extraordinary hilly surrounds of Tapalpa, have found an ideal location in which to embark on new projects with fewer formal or material restrictions. If we look at two of their houses in this area, TOC House and RO House (2008), we can sense their attempt to produce a certain architectural grammar that can establish a relationship with the local area and its traditional architecture. Both houses display the same interest in developing the idea of traditional timber roofing combined with a wall made of *rajuela*—a stone typical of the region—to define a construction system rooted to the site. And although both have elements that still bring to mind a more urban architecture, they also set up an appropriate dialogue with their surrounding landscape. In this sense, I do not feel I exaggerate by referring again to Breuer and his "long" houses, because TOC and RO houses have been arranged as longitudinal pavilions—TOC creates a set-square shape and RO a single, long body—that open up freely to the landscape. In the case of VR House (2013) and MM House (2014), it feels as though we may be witnessing a paradigm shift or a transformation, since both houses are formal hybrids, where the roofing concepts begin to assume more abstract shapes, while maintaining the aforesaid material quality. Their heterogeneous language appears to reveal to us the authors' wish to experiment with the idea of a more contemporary architecture on the landscape, and therefore they seem to have moved away from traditional roofing when producing their houses' architectural parti.

BS House (2014) and GG House (2015) reflect a new sensibility. A process of formal abstraction has heightened their contemporary look, producing more unitary volumes. GG House's inverted, exposed concrete roof runs parallel to the topography, creating a single long pavilion clad in steel plates. This house sits on an artificial embankment, whose excavation has exposed large rocky masses that combine with stone retaining walls to demarcate an interstitial space with powerful landscaping. The topographic placement of BS House communicates similar interests and ideas, but with greater formal abstraction thanks to the use of *rajuela* stonework for most of the walls. This residence seems to have firmly left behind traditional roofs and beams and moved toward an architecture where the landscape becomes the pretext for further research. For this project, the centrifugal condition of the modern pavilion—the mirador-house—is combined with a more homogenous material aspect that contains a certain paradox: despite its greater abstraction, the residence tends to create more direct connections with the natural surroundings, while its topography shows us the housing from the higher levels, akin to a system of typical farm walls.

The actual build quality is also key to Elías and Alejandro's architecture. Although the studio has always paid particular attention to details, in joints, in the encounters between materials and high-quality construction, I have also noted how their focus on these aspects has evolved. In some of their recent built projects, their focus on detail has begun to be replaced by the expression of the material itself. Hand-worked stone revealing the action of the body on the material, as well as wood and steel left in their natural state, accepting that they will age, seem to be part of a fresh palette of materials that ultimately communicate a significant paradigm shift.

Finally, I consider that there are two ingredients that will end up informing and strengthening the work of Alejandro and Elías's studio in the near future. Firstly, I think that the risk they have taken in using new materials and forms, discovered by the architects by developing this series of houses in Tapalpa, and judging by their most recent projects that I have had the chance to see, some of which are still being developed or under construction, is indicative of an interesting search where landscape and formal abstraction are understood as two categories that will define the future projects. Secondly, the recent arrival to the studio of Elías Rizo Oroz—with whom I had the good fortune of visiting and discussing Carlo Scarpa's Brion Tomb and his Gypsotheque at the Canova Museum some years ago, and who has already shown his talent as an architect at a young age—will certainly make a significant contribution to a studio that is increasingly being offered commissions for projects abroad.

OBRA / WORKS

CASA AP

Zapopan, Jalisco, México
2018

Diseñada en un fraccionamiento privado para una familia joven, Casa AP es un proyecto donde las dualidades están siempre presentes. Está dividida en dos volúmenes, uno público y otro privado, ligados por un vestíbulo de ingreso donde se conecta un estanque exterior con el interior para rematar, nuevamente, en un jardín posterior y conducir al usuario ya sea al área privada o pública.

Buscábamos diseñar una casa que viviera siempre al exterior al tiempo que mantuviera la privacidad de sus habitantes en todo momento, cerrándose hacia la calle con unos muros de piedra desprendidos de los volúmenes principales para generar una serie de patios. Por otro lado, el jardín posterior, el cual dialoga día y noche con la casa a través de sus vanos, funciona como barrera vegetal con las casas vecinas.

El volumen del área social, ubicado al oriente, se abre casi en su totalidad al jardín posterior y parcialmente al estanque que se encuentra seguido al vestíbulo de ingreso, en el eje central. La fachada sur, que da a la calle, se ve protegida de las visuales y el sol por las grapas de piedra ya mencionadas, las cuales forman el basamento que protege a la casa de la calle. El volumen privado es más introvertido, con aperturas menos amplias al exterior tanto en planta baja como en planta alta y que tienen la capacidad de cerrarse en caso de necesitar más privacidad, mientras que los espacios que dan a la fachada frontal cuentan con unos patios privados, también protegidos por el basamento de piedra.

A pesar de la gran escala de la casa, queríamos que la transición entre los espacios permitiera que la vida que se desarrolla en su interior fuera la de una casa más chica, más acogedora; una casa que busca preservar la intimidad y provocar la convivencia entre quienes la habitan.

Designed in a private subdivision for a young family, AP House is a project marked by dualities throughout. The house is separated into two volumes, one public and the other private, connected by a lobby that joins an exterior reflecting pool to the interior that leads to a rear garden to guide users to the private or public area. Our design intended to bring occupants into constant contact with the outdoors while maintaining their privacy at all times; the house is blind to the street with stone walls detached from the main volumes to create a series of patios. The rear garden, with clearings that brings it into close contact with the house both day and night, acts as a natural barrier to the neighboring properties.

The east-facing public area opens up almost completely to the rear garden and partially to the reflecting pool that adjoins the lobby, on the central axis. The same stone structures mentioned above—which form the base that protects the house from the road—give visual and solar protection on the southern façade that has the street frontage. The volume containing the private areas is more inward facing, and on the ground and top floors the narrower openings onto the exterior may also be closed for greater privacy. The spaces at the front of the house have private courtyards that are also protected by the stone base.

Despite the house's large size, we wanted to give the spatial transitions the cozy feel of a smaller home that creates a feeling of intimacy and helps foster easy interactions among its occupants.

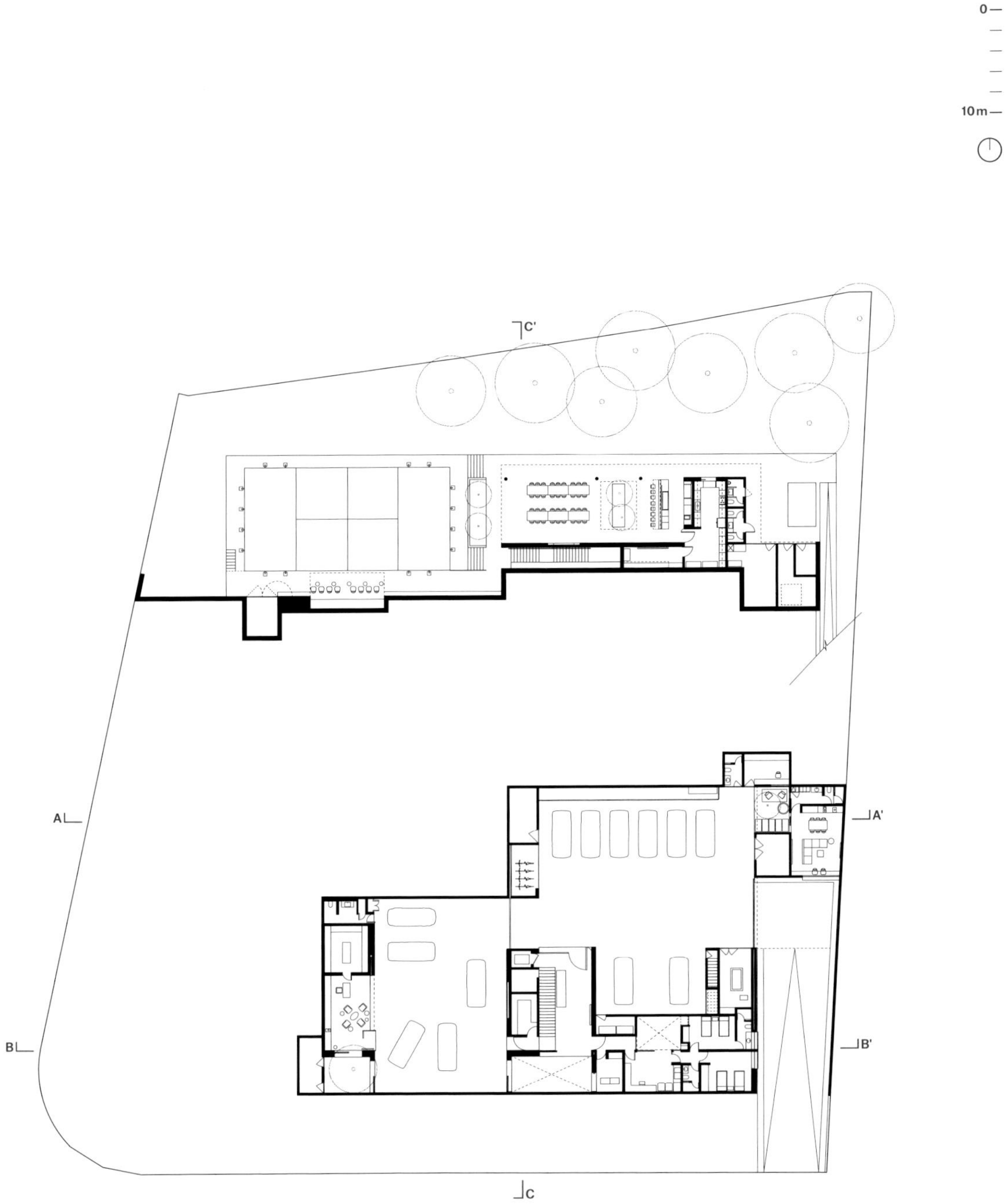

Planta sótano Basement plan

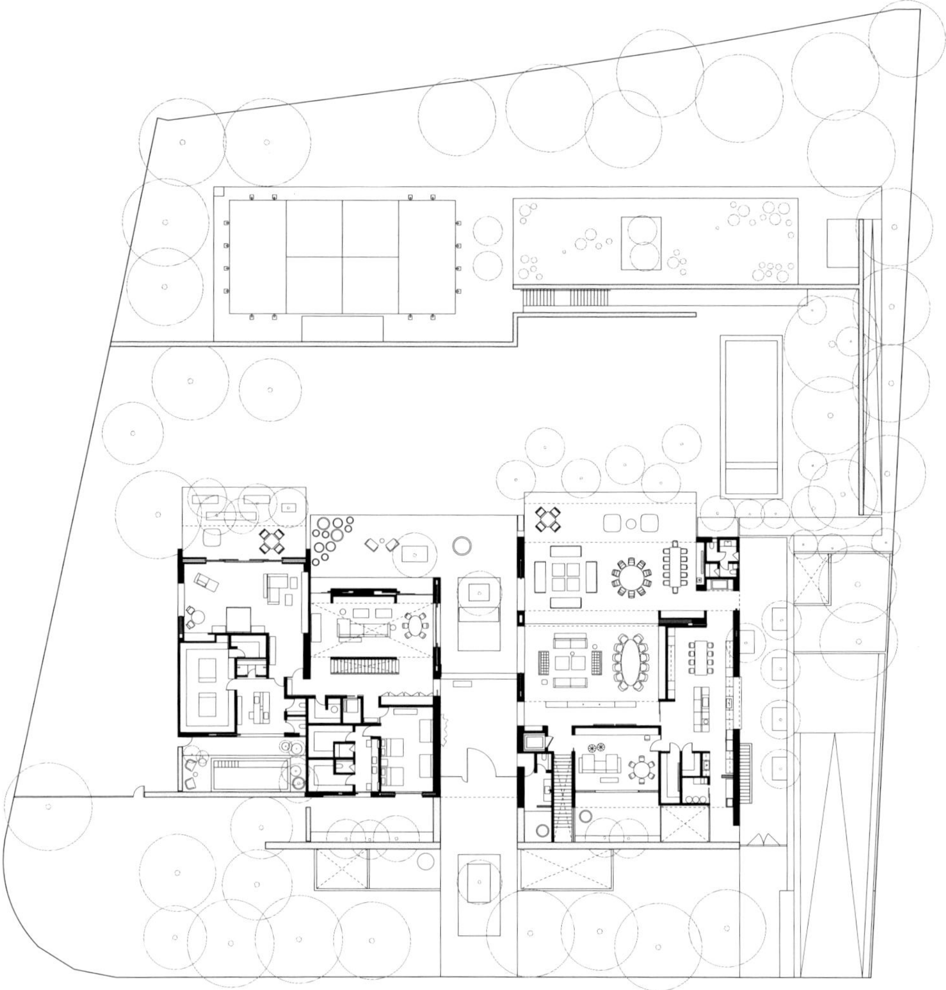

Planta baja Ground floor plan

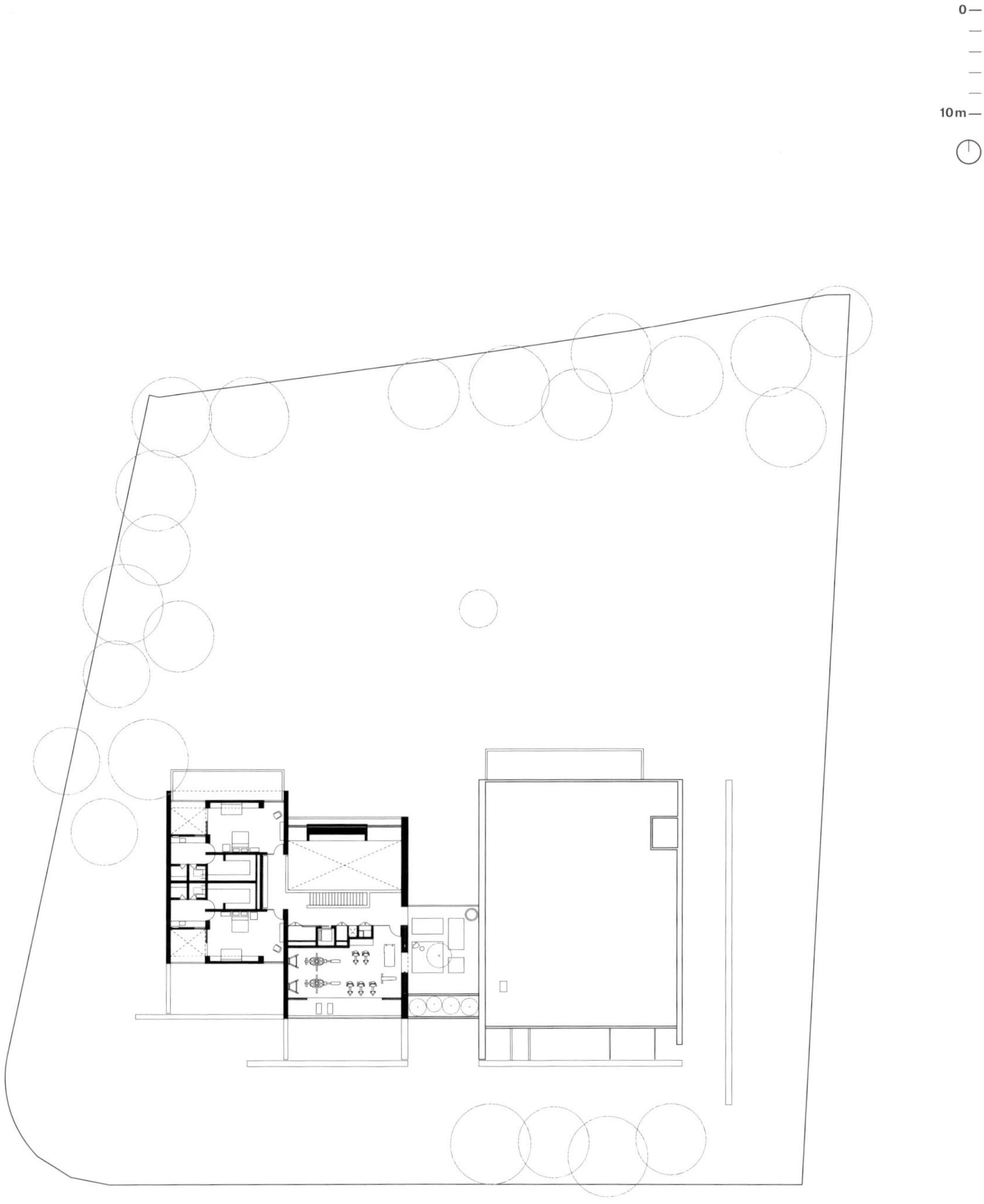

Planta alta Upper floor plan

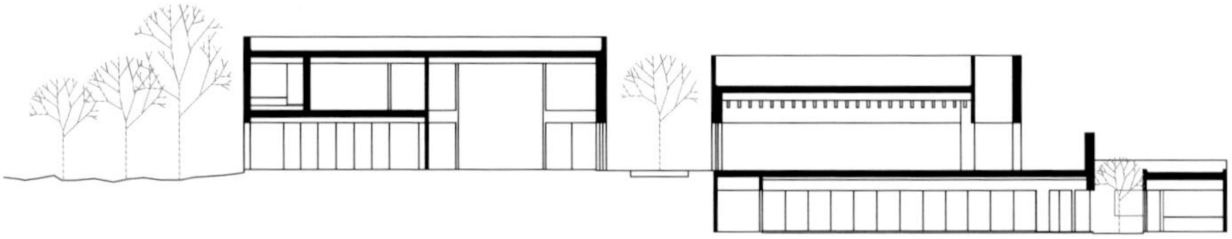

Sección A-A' Section A-A'

0—

10m—

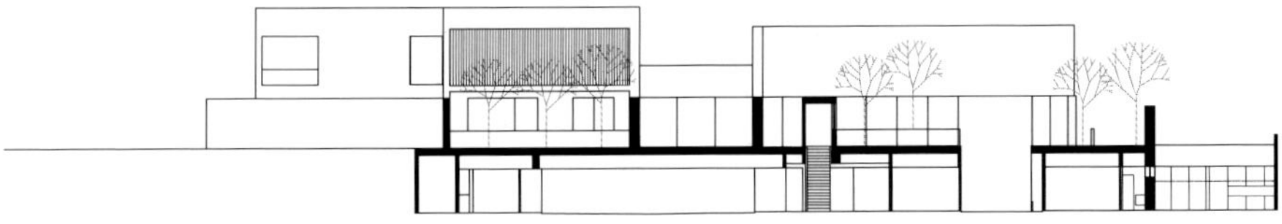

Sección B-B' Section B-B'

—0

—10m

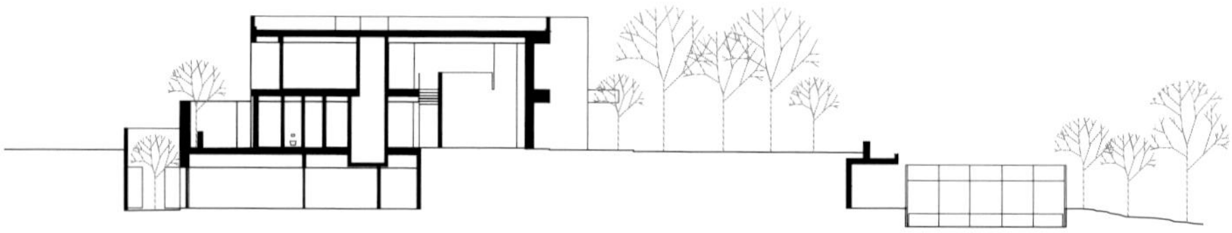

Sección C-C' Section C-C'

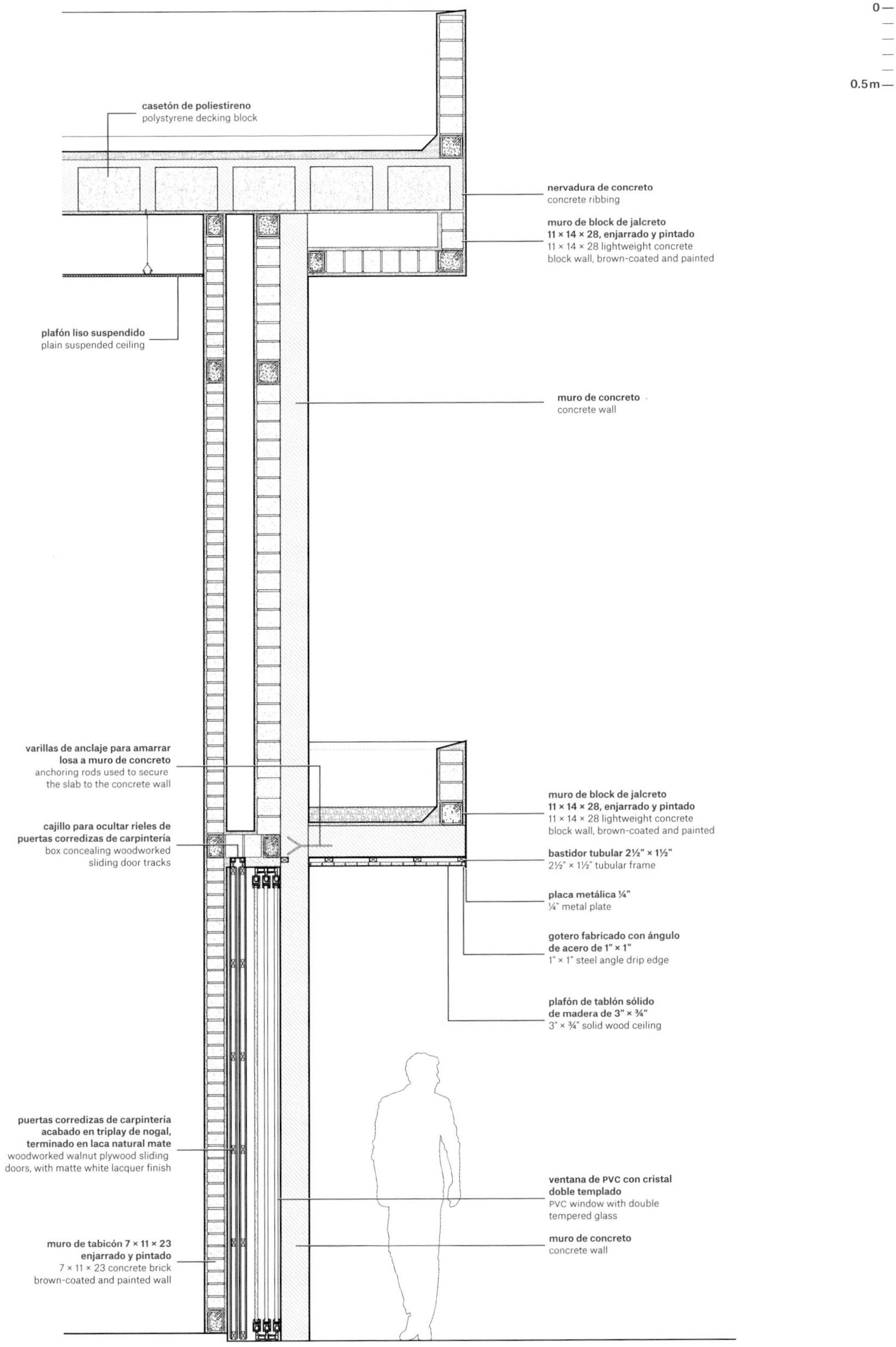

Sección por fachada Façade section

CASA BE

Zapopan, Jalisco, México
2019

Casa BE es un proyecto que se logró materializar después de establecer un programa muy claro. La cocina debía ser el corazón de la casa; la sala gozaría de independencia y estaría lejos de lo que sucediera en el área de comida.

Desde nuestro primer acercamiento al proyecto, partimos de la premisa de un volumen en forma de L con la cocina en el norte, la sala en el oeste y, entre ambas, un jardín —opuesto a la fachada cerrada de la calle— que ligue ambos espacios y se robe la atención de aquellos que únicamente ingresen por el vestíbulo —ubicado en la intersección de ambos lados del volumen—, cuyo ventanal de tres metros remata con éste.

La cocina abraza por el norte al jardín, a una alberca casi imperceptible y a un pozo de fuego oculto entre arbustos y árboles, desde donde se puede contemplar la construcción descubriendo todas sus condiciones.

Nos gusta hablar de la casa como una casa jardín, ya que todos los espacios —ya sea el programa social en planta baja o el público en planta alta— están pensados para vivir hacia el jardín y tienen la cualidad de abrirse casi en su totalidad hacia éste, evocando el contacto con la naturaleza, al refugio que aísla dentro de la bulliciosa ciudad, como si de un oasis en el desierto se tratara.

BE House is a project that materialized after establishing a very clear program: the kitchen needed to be placed at the heart of the house, and a separate sitting room at a distance from the eating area.

From the point of our initial contact with the project we worked on the premise of an L-shaped volume with the kitchen to the north, the living room to the west, and between the two, a garden—in contrast to the blind wall on the side of the street—linking both spaces and attracting the gaze of those only entering through the lobby (located at the intersection of both sides of the volume) featuring a three-meter picture window.

To the north of the property the kitchen adjoins an unobtrusive swimming pool and a fire pit between bushes and trees, offering views onto the different aspects of the construction.

We like to talk about the house as a garden house, because all of its spaces—from the social area on the ground floor to the public spaces on the upper level—are designed around the garden and can be almost completely opened up onto it, creating a close connection with nature, like an oasis of calm within the bustling city.

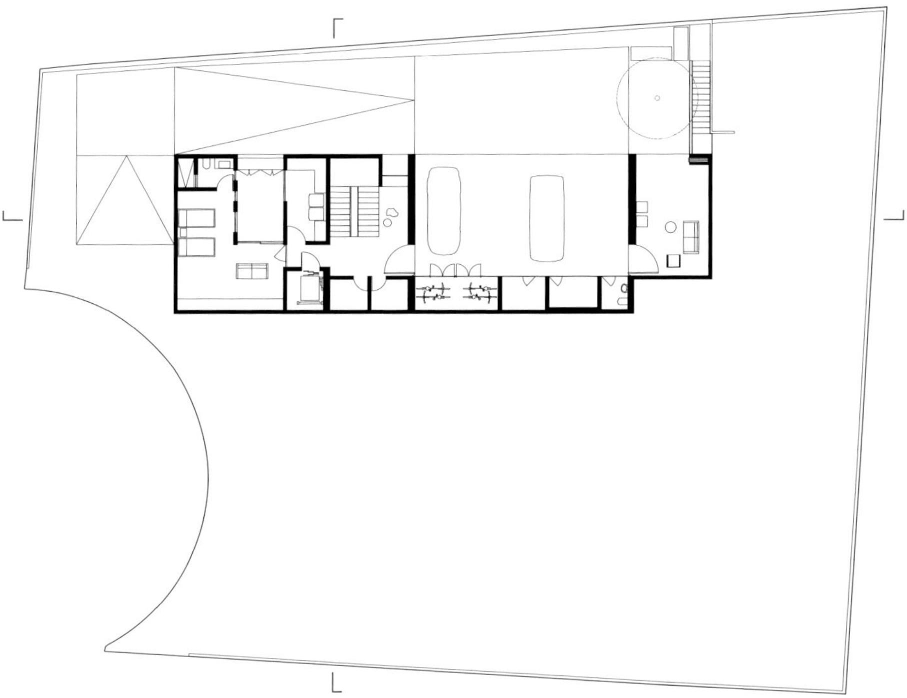

Planta sótano Basement plan

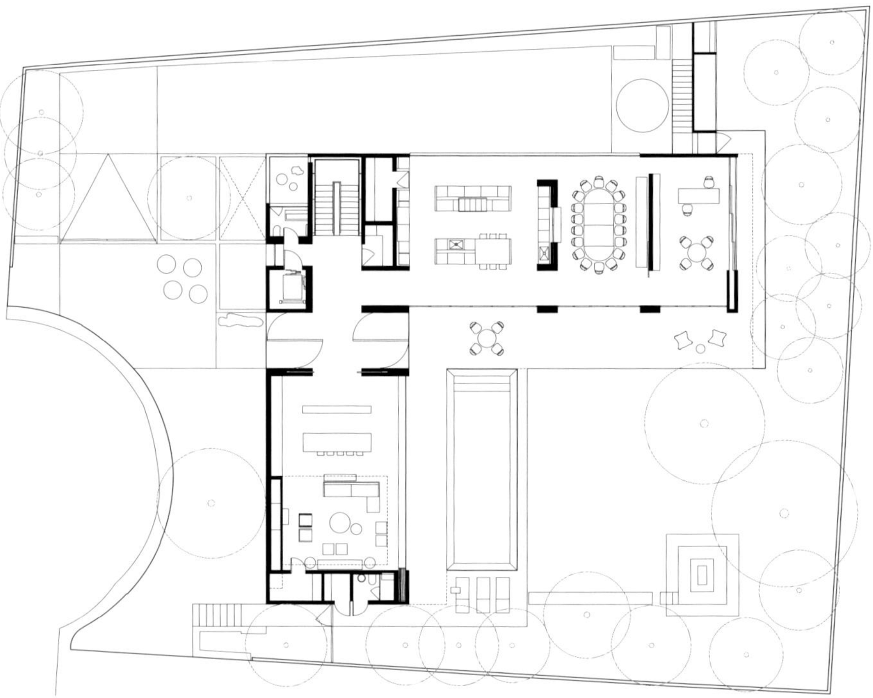

Planta baja Ground floor plan

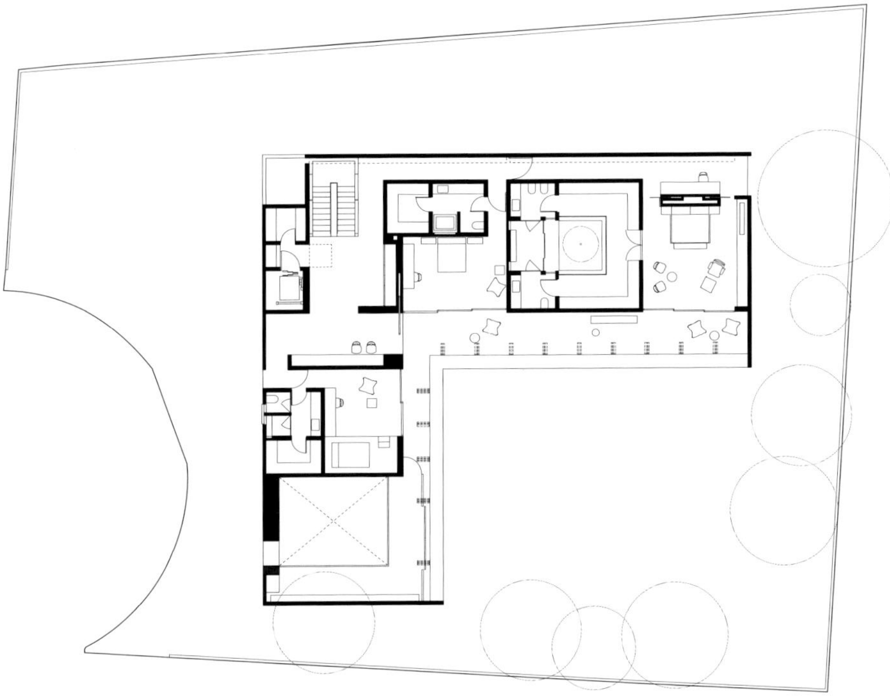

Planta alta Upper floor plan

—0

—5m

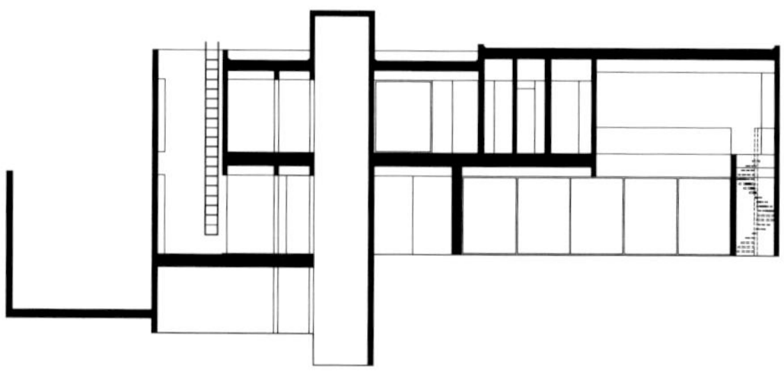

Sección transversal Transversal section

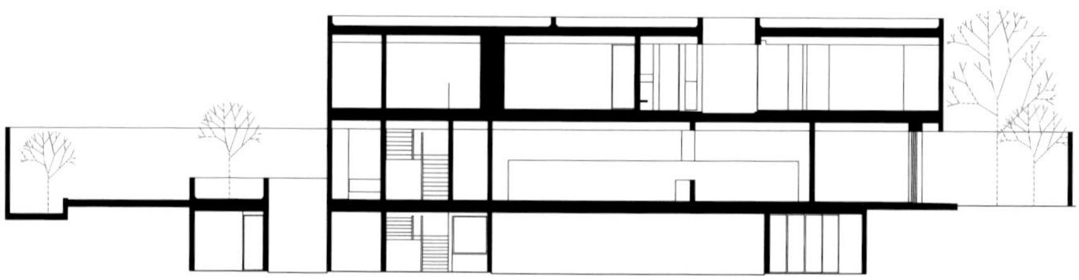

Sección longitudinal Longitudinal section

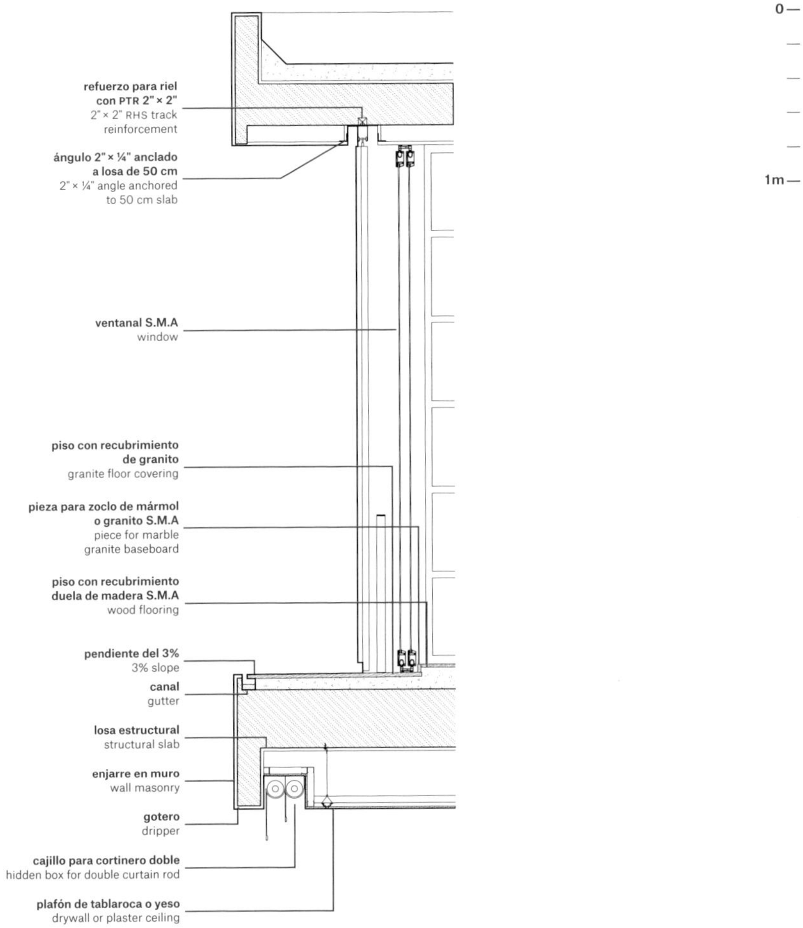

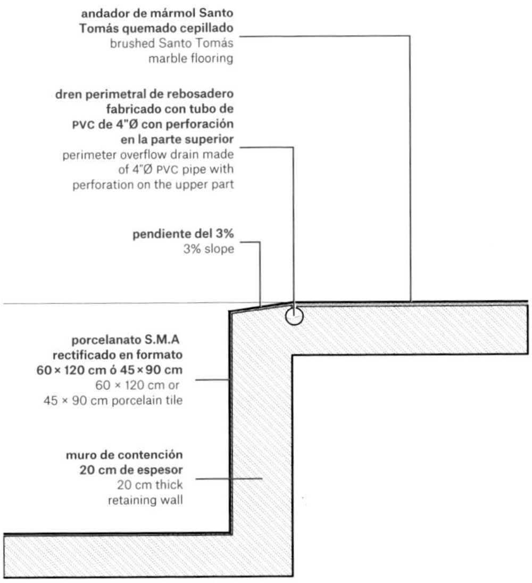

Sección por fachada Façade section

CASA BS

Tapalpa, Jalisco, México
2014

La Casa BS fue construida en un terreno relativamente llano y sin árboles. A diferencia del contexto común de Tapalpa, donde predominan los bosques de pino, el paisaje en torno a la propiedad se compone de tonos ocres, sepias y minerales, adornado con parches de hierba alta y salpicada de piedras de gran tamaño. La casa se inserta en una loma con accidentes graduales, dominando la vista panorámica de una llanura con un lago.

La primera impresión del edificio, un volumen horizontal hincado en el terreno, hace evidente la preocupación primordial del proyecto: insertar una intervención poco intrusiva en el paisaje. Creíamos que era fundamental preservar, en la medida de lo posible, la vista de las montañas en el horizonte desde el camino de ingreso. De ahí que el edificio mantiene un perfil bajo y se acopla a los accidentes topográficos.

En su fachada frontal, apostada al oriente, la casa despliega un carácter sólido, y presenta una secuencia de murallas de piedra que crean una franja de espacios de transición, flanqueada por una fila de árboles que, en un futuro, ocultarán aún más la edificación a la vista del visitante. Del otro lado, la casa se abre en su fachada posterior hacia el poniente para entablar un diálogo visual con el paisaje e inducir un alto confort climático en el interior.

El programa de la casa se resuelve en dos grandes bloques separados por un corredor transversal de franco ingreso que parte la casa justo por la mitad. El bloque poniente contiene las áreas públicas de la casa. Gran parte de las divisiones interiores y exteriores que segmentan el programa y confinan los espacios son retractables y se ocultan por completo para conectar todas las áreas públicas.

Al otro lado del corredor central encontramos el bloque de los dormitorios, el cual desciende gradualmente en nivel conforme se deprime la topografía, pero a un ritmo propio que permite mantener un grado de privacidad visual sobre el terreno. Este bloque alberga tres recámaras y la recámara principal que se desarticula del volumen general de la casa y deja un espacio abierto que incluye un estanque.

La casa se incorpora a su entorno con discreción y presenta un carácter casi arqueológico junto a las rocas que se yerguen aisladas en el paisaje.

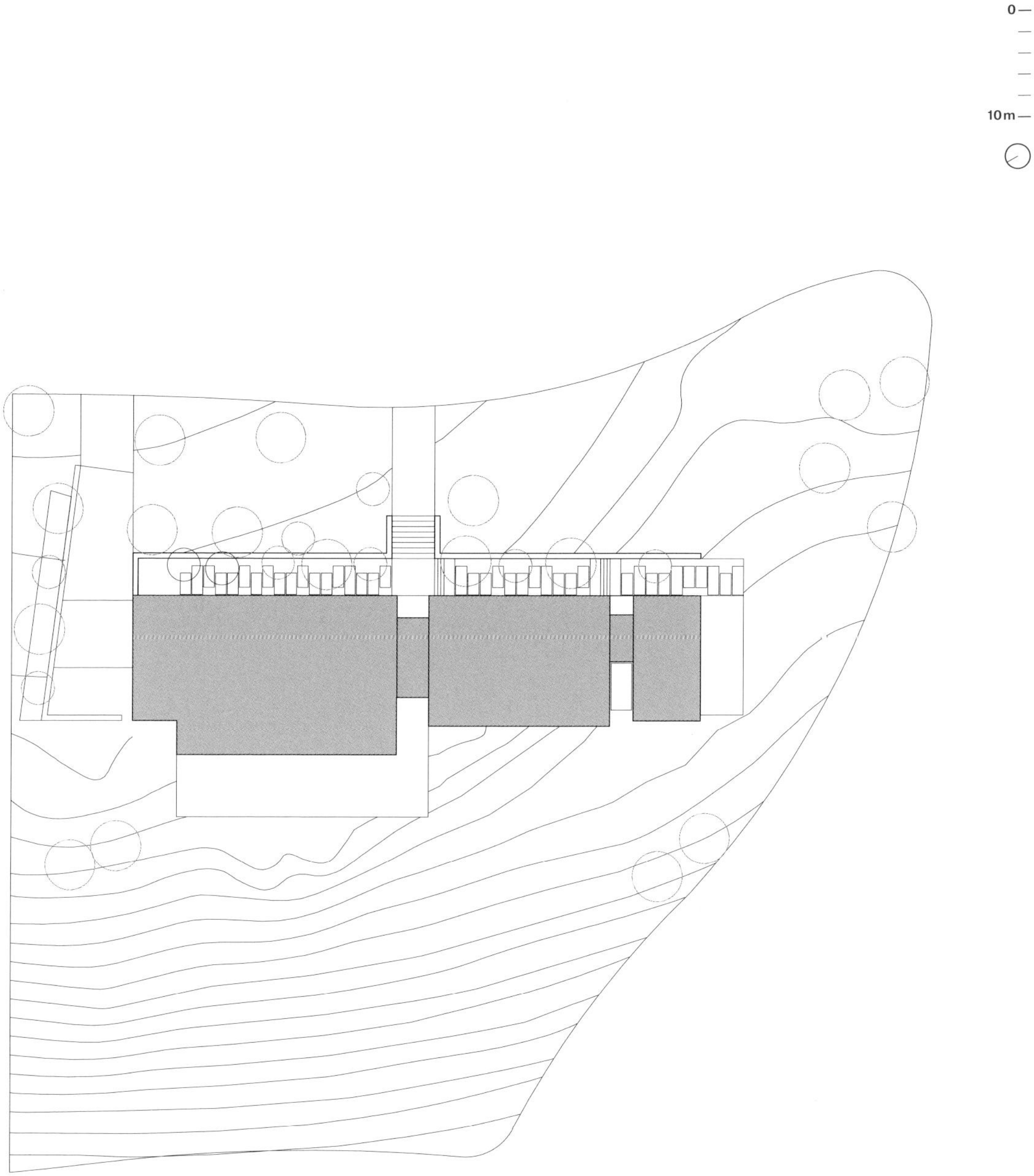

Planta de conjunto General plan

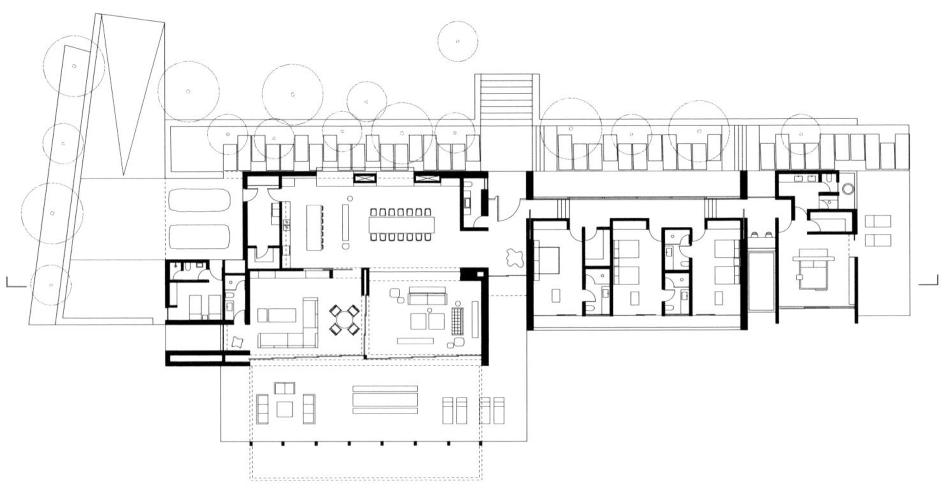

Planta Plan

This residence sits on a plot of relatively flat, treeless land. The ocher, sepia and mineral tones of the property's immediate surroundings, punctuated by tall grasses and boulders, are in contrast to Tapalpa's typical pinewood terrain. The house is embedded in a gently sloping hill and offers panoramic views over a plain with a lake.

The first impression of the house's low-slung horizontal volume shows how the design prioritized blending the project into the surrounding landscape, and preserving as far as possible the views of the mountains on the horizon from the access road, hence the building's low profile and adaptation to the uneven terrain.

On its front, east-facing façade, the house has a monumental feel with a series of stone walls that create a transitional strip, flanked by a row of trees that over time will help to further conceal the building. From the other side, the house opens up on its rear, west-facing aspect to set up a visual dialogue with the landscape and to create a pleasant interior temperature.

The residence's program is divided into two large blocks, separated by a corridor crossing from the entrance that divides the house exactly in half. The west block contains the house's public areas. To segment the program and demarcate the spaces, many of the interior and exterior partitions are sliding doors that become concealed to merge together the public areas.

On the other side of the central corridor, the bedroom block gradually descends, following the contour of the land, but in a way that still preserves the property's privacy. This block contains three bedrooms and a master bedroom set apart from the house's principal volume and leaves an open space that includes a reflecting pool.

Amid the rocks dotting the landscape, the house blends into the surroundings almost archeologically.

—0

—10m

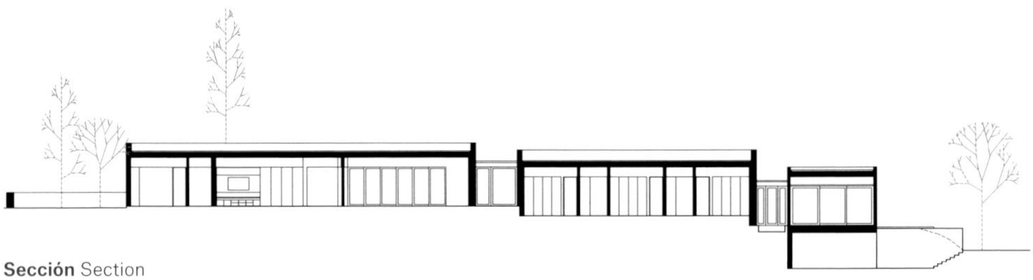

Sección Section

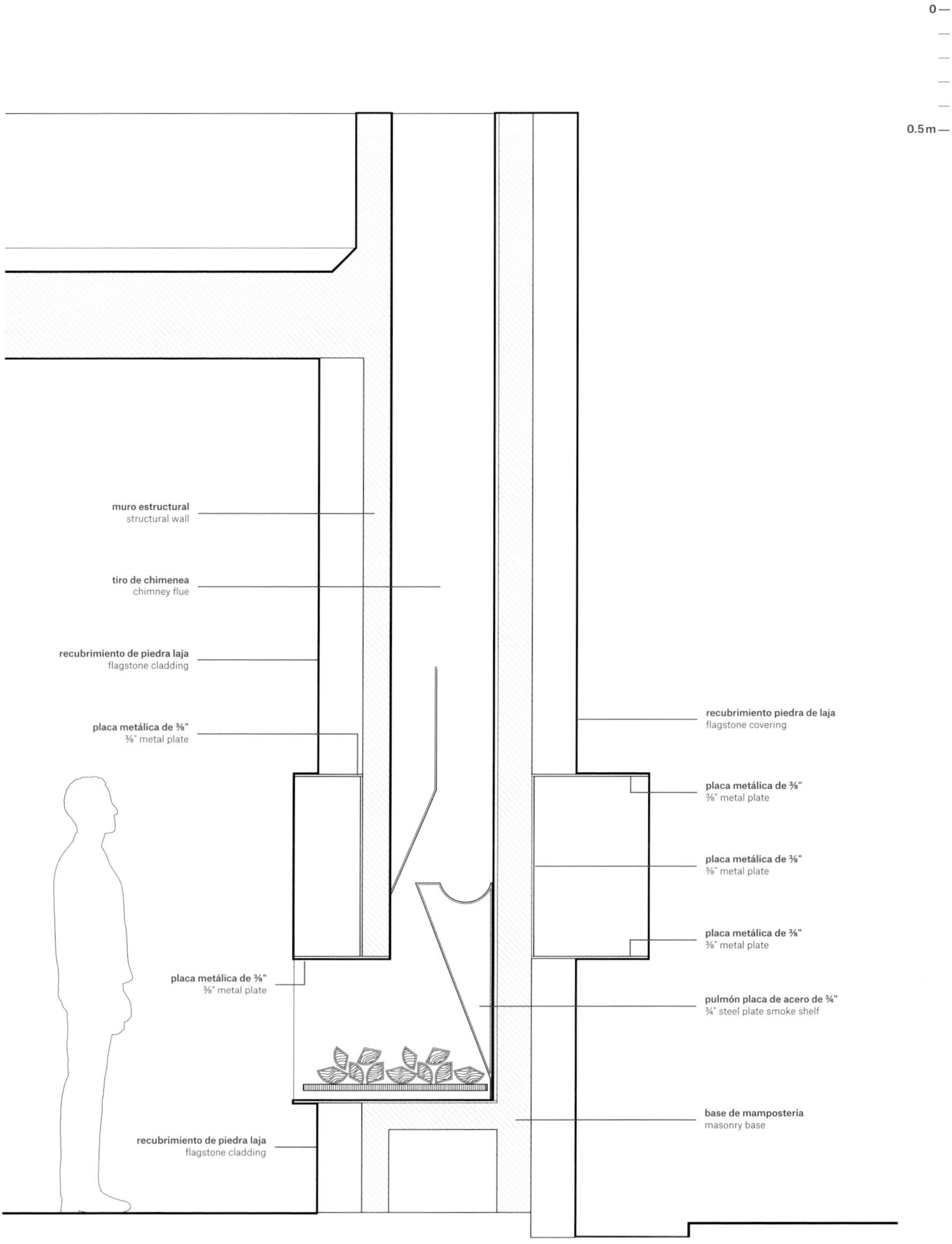

Sección por fachada Façade section

CASA DSPR

Zapopan, Jalisco, México
2017

Ubicada en una colonia residencial dentro de la zona metropolitana de Guadalajara, la casa busca alejarse de la calle por medio de un estanque que se esconde detrás de los muros por donde se accede. Éstos dan inicio a una fuga que funciona como guía a un patio, parcialmente cubierto, al centro del edificio donde se encuentra el ingreso principal. Otro patio sucede inmediatamente a éste, adentrándose en la casa y dividiendo al espacio interior, lo que permite que la casa viva hacia él, como si se tratara de un patio central.

En seguida de ambos patios, el recorrido del eje originado desde el ingreso peatonal a la casa se ve interrumpido por unas escaleras que bajan al jardín posterior, la alberca y una terraza —ambas imperceptibles desde la escalinata. Este gran pasillo/patio es el elemento que liga físicamente a todos los espacios de la planta baja y la planta del jardín, es decir, el programa público de la casa. Al mismo tiempo, entabla una conversación entre todo el espacio exterior, el interior y el cielo, convirtiéndose en el elemento articulador y con mayor jerarquía del proyecto.

La casa es un ir y venir entre lo físico y lo metafísico. Una serie de transiciones entre el espacio contenido y el espacio que envuelve al edificio; entre lo sólido y lo vacío.

Located in a residential neighborhood within Guadalajara's metropolitan zone, a reflecting pool concealed behind the walls that lead into the property keeps the house apart from the street. This creates a vanishing point that guides the way toward a partially roofed courtyard, in the center of the building at the main entrance. Another courtyard leads on directly into the house and divides the interior, acting as a central courtyard around which life in the home revolves.

Directly leading off both courtyards, the route from the pedestrian entrance to the house is interrupted by steps descending to the rear garden that has a pool and terrace not noticeable from the stairs. This large corridor/courtyard physically connects all of the ground-floor spaces and the garden level—in other words, the house's social areas. At the same time a dialogue exists between the exterior, interior, and the sky, making it the project's most important articulating element.

The house shifts between the physical to the metaphysical; it consists of a series of transitions between the enclosed space and the space around the building, between solid and void.

Planta sótano Basement plan

Planta baja Ground floor plan

Planta alta Upper floor plan

—0

—10m

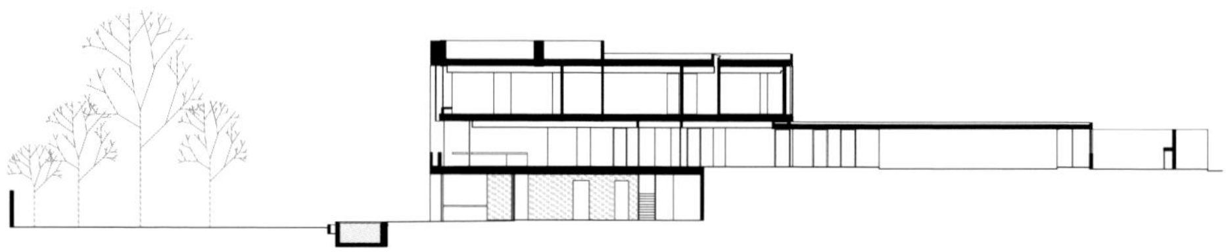

Sección Section

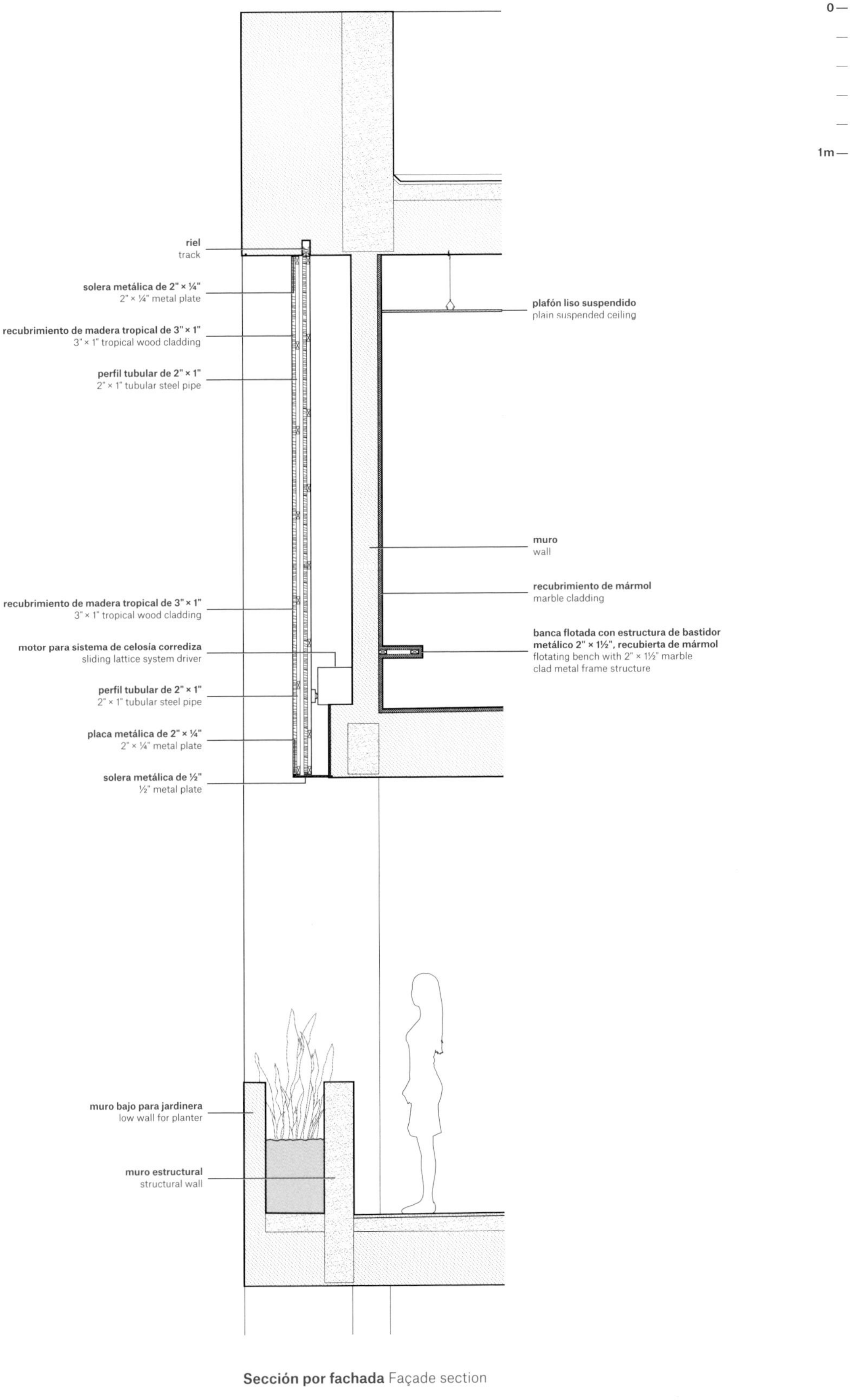

Sección por fachada Façade section

CASA GG

Tapalpa, Jalisco, México
2015

El proyecto de la Casa GG surgió de una comisión muy particular. Nuestro cliente, un hombre soltero de mediana edad, quería construir una casa de fin de semana en el claro de un bosque, sobre una propiedad en el monte. Además de las condicionantes topográficas, encontramos que el proyecto suponía requerimientos inusuales en cuanto a privacidad que permitieron una relación más abierta entre los espacios y el entorno.

La casa se sitúa en un terreno escarpado con vistas a un llano entre montañas y al volcán de Colima, el cual se divisa por encima de las copas de los robles. La topografía accidentada del terreno fue un factor determinante para la configuración del proyecto. El complejo se resolvió sobre una sucesión de terrazas que fueron labradas en el cerro y se vinculan por un recorrido en zigzag.

El acceso a la propiedad está en el punto más alto. Los vehículos transitan por un sendero que corta la ladera en descenso hacia una cochera que se posa sobre una terraza intermedia y se sume en el cerro, enmarcada por un portal de piedra braza. La azotea de la casa, la primera fachada que confronta al visitante, se vislumbra entre árboles como una plancha de concreto aparente cubierta de grava y delata el perfil quebrado del edificio.

De la cochera nace una escalinata de losetas rectangulares de piedra, de dimensiones variables, que surgen de un tapiz de grava que alude a la azotea y pareciera sugerir que el edificio es una extrusión del terreno mismo. En ese momento se revela la fachada frontal de la casa, que está forrada de una placa de acero laqueada que puede envejecer a capricho, como el resto de los materiales. Con el tiempo, la placa perderá su lustre y se irá oxidando, cambiando de la misma manera que lo hace su entorno, e irá dejando un rastro de óxido sobre la piedra que terminará por confundirse con el rojo de la tierra, tan característico de la región.

El programa de la casa se resolvió en una planta rectangular que se inserta en uno de los cortes al terreno. El volumen resultante es un prisma asentado respetuosamente sobre éste, y se orienta en dirección transversal a la pendiente del cerro exponiendo su faceta más larga hacia las vistas. Se decidió hacer una inflexión más o menos al centro del volumen, justo en el espacio de ingreso, para crear un quiebre que se repite en la fachada norte y, así, permitir que un espacio más amplio de terraza exterior pudiera tener vista hacia el volcán de Colima.

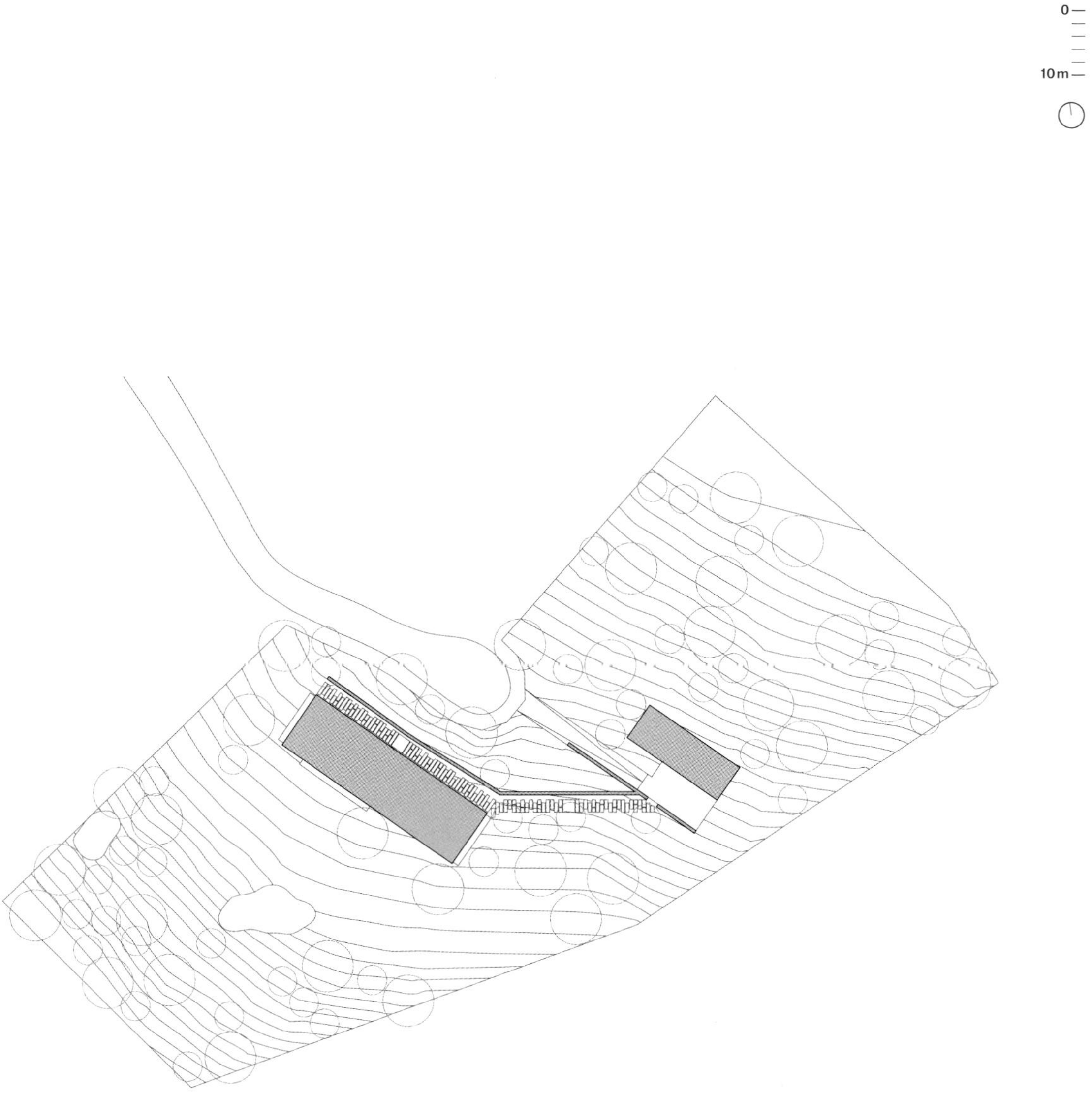

Planta de conjunto General plan

Planta Plan

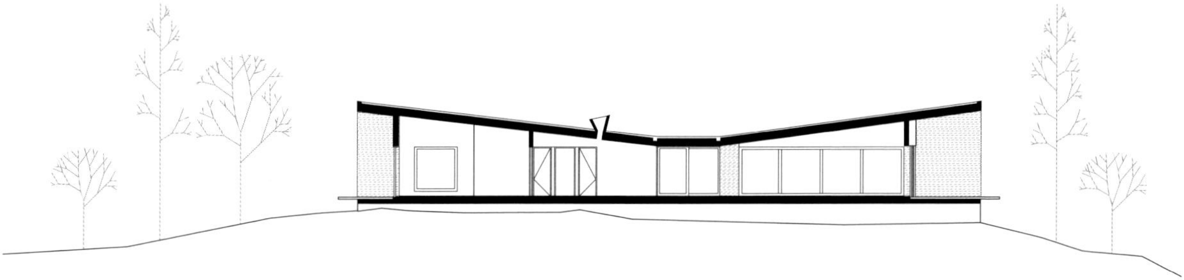

Sección Section

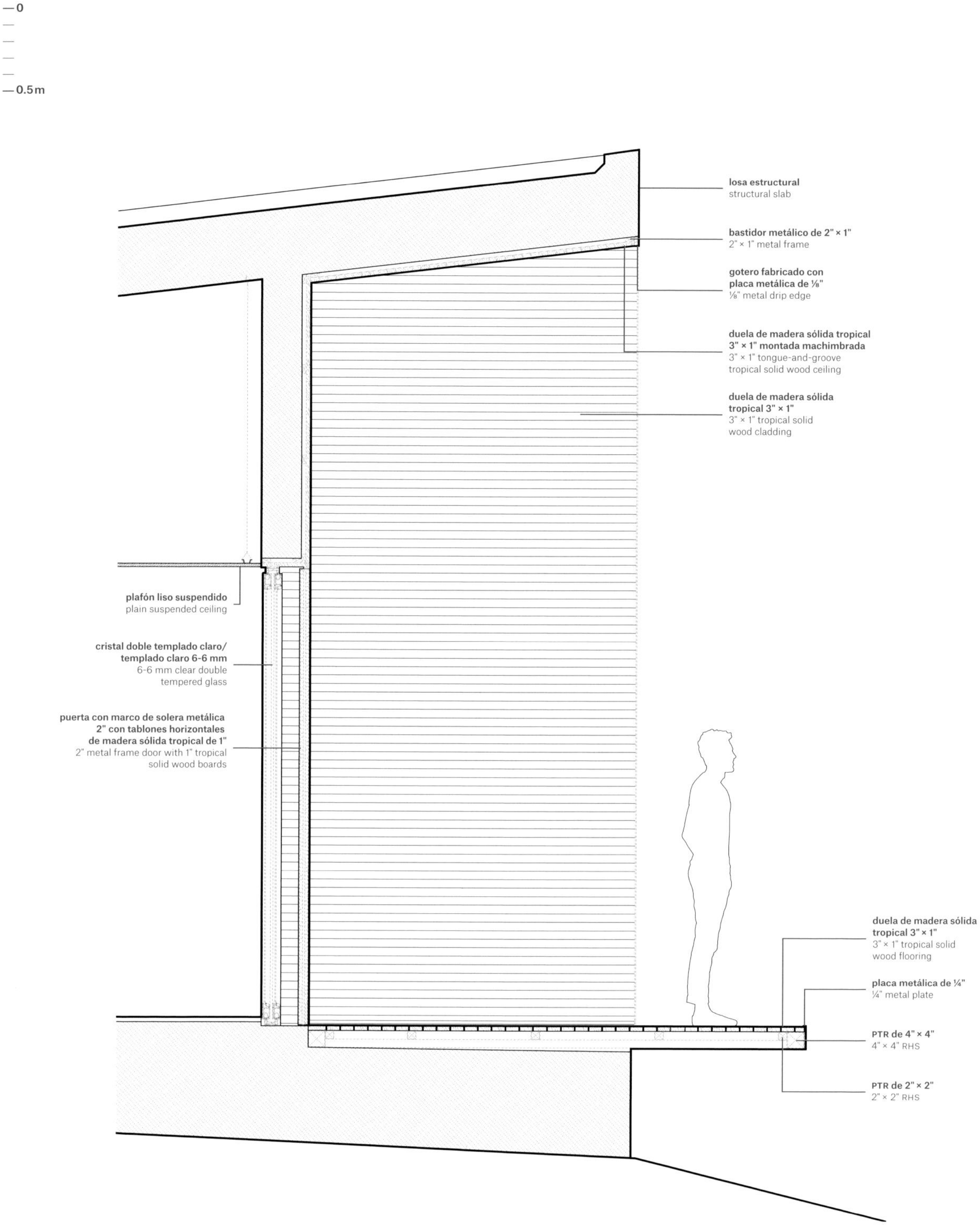

Sección por fachada Façade section

The GG house project was the result of a special commission. Our client—an unmarried, middle-aged man—wanted to build a weekend house in a clearing in some woodland where he owned a property. Apart from its topographic limitations, we found that the project entailed unusual privacy requirements, enabling a more direct relationship between the house's spaces and its surroundings.

Constructed on a steep slope, the house has views over a plain between the mountains and the Colima volcano, visible in the distance over the oak-tree canopies. The rough terrain defined the project's layout, with the different components placed on a series of terraces inserted into the hillside and connected by a zig-zagging path.

The entrance is from the highest point of the property. Vehicles use a track that cuts through the slope, leading to a garage on an intermediate terrace embedded into the hillside, framed by a stone gateway. The house's roof, the first façade to greet the visitor, is discernible amid the trees as a slab of exposed, gravel-covered concrete that hints at the building's fractured profile.

A staircase of different-sized, rectangular stone slabs emerges from the garage's gravel surface, referencing the rooftop and suggesting that the building is an extrusion of the actual land. This reveals the house's façade, clad in lacquered steel that can be left to age naturally, like the other materials. Over time, the steel will lose its sheen and acquire a patina of rust, changing in the same way as its surroundings, leaving a trace of rust on the stone that will eventually merge with the characteristic reddish soil of the region.

The house's program is based on a rectangular floorplan inserted into one of the cuttings in the land. This produces a prism that sits respectfully within the surrounding landscape, perpendicular to the slope and revealing its longest side to open up panoramic views. An inflection at about the mid-point of the volume creates a butterfly roof over the lobby area to interrupt the line of the very elongated building. In plan, this same fractured motif repeats on the north façade to create views onto the Colima volcano from a large outside terrace.

The lobby crosses the building and splits it into two equal-sized blocks. At the end of the western block is a terrace, with a Cumaru wood-paneled roof, suspended over the land and connecting to the master bedroom through a picture window. The remainder of the program includes two guest bedrooms, each one with an en-suite bathroom, a guest bathroom, and laundry room. The eastern entrance block has the living room, dining room, and kitchen, all in a space that connects—through a large, sliding window—to a covered terrace that mirrors the exterior space at the other end and appears to float over the land.

CASA GM

Zapopan, Jalisco, México
2019

Casa GM, ubicada en un fraccionamiento privado de Guadalajara, es un proyecto que satisface un programa específico de necesidades y un reglamento rígido que acotó las posibilidades de actuar en el predio.

El posicionamiento de la casa es muy claro. Fluye en toda la profundidad del terreno y aprovecha las servidumbres laterales para generar dos patios: uno que conforma el ingreso a la casa; el otro, ilumina y ventila a los servicios. La primera planta del proyecto se esconde de la calle detrás de un vestíbulo exterior que da la bienvenida al visitante, aislándolo inmediatamente de lo ajeno, para conducirlo al interior de la casa, donde remata con un muro que dirige al jardín posterior, precedido por los espacios de actividades sociales del proyecto. La fachada, que da al patio de ingreso, baña de luz un gran vestíbulo en planta alta, mientras que las recámaras se iluminan ya sea por la fachada frontal o posterior.

Con el proyecto, se buscó aislar lo más posible la casa del exterior, de lo ajeno, para crear espacios más íntimos, espacios de introspección que permitan al habitante encontrar el cobijo en ellos y, asimismo, que fomenten la convivencia.

Located in a private subdivision in Guadalajara, GM House is a project that satisfied a specific program of needs while complying with strict building regulations for the plot of land.

The house is clearly positioned, running all the way to the rear of the plot, and using the lateral easements to create two patios, one for the house's entrance and the other to illuminate and ventilate the utility areas. An exterior entrance lobby shields the project's first floor from the street, providing immediate shelter from the outside. It leads inside the house and to a wall that guides you towards the rear garden, passing through the project's social areas. The façade on the side of the entrance courtyard bathes a large top floor lobby area with light. The bedrooms receive natural lighting from the front or rear façades.

The guiding principle behind this project was to provide protection from the outside to create more intimate spaces for introspection where occupants can feel sheltered while enjoying each other's company.

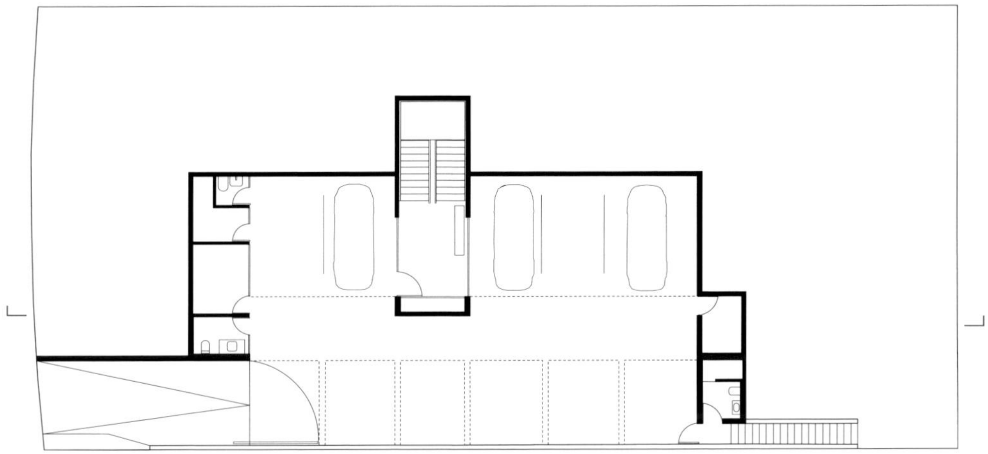

Planta sótano Basement plan

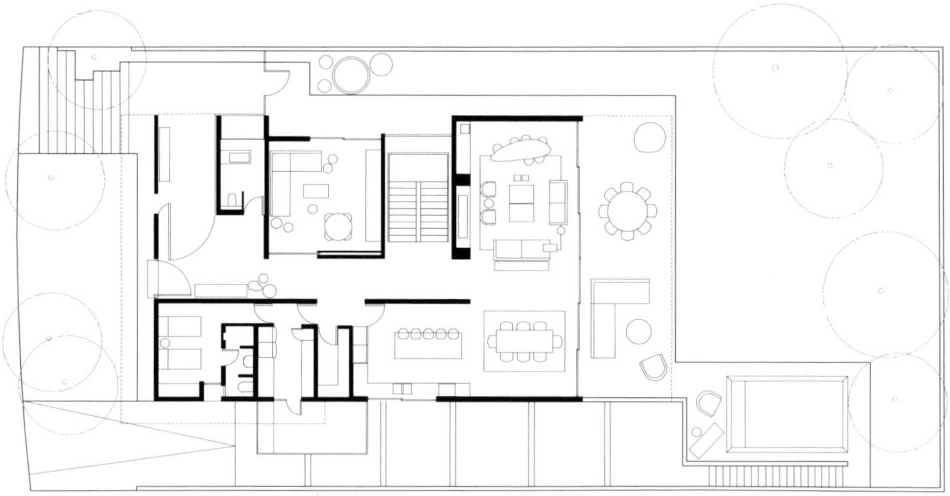

Planta baja Ground floor plan

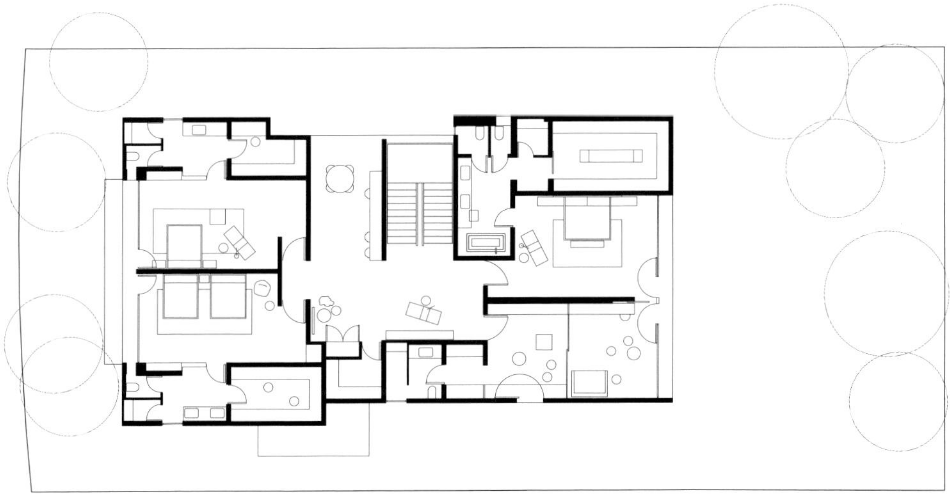

Planta alta Upper floor plan

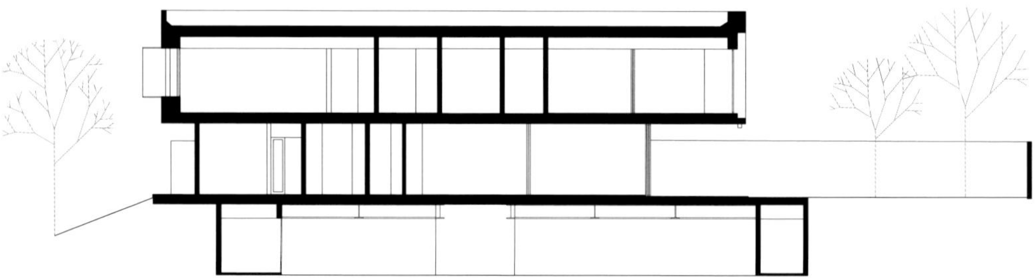

Sección Section

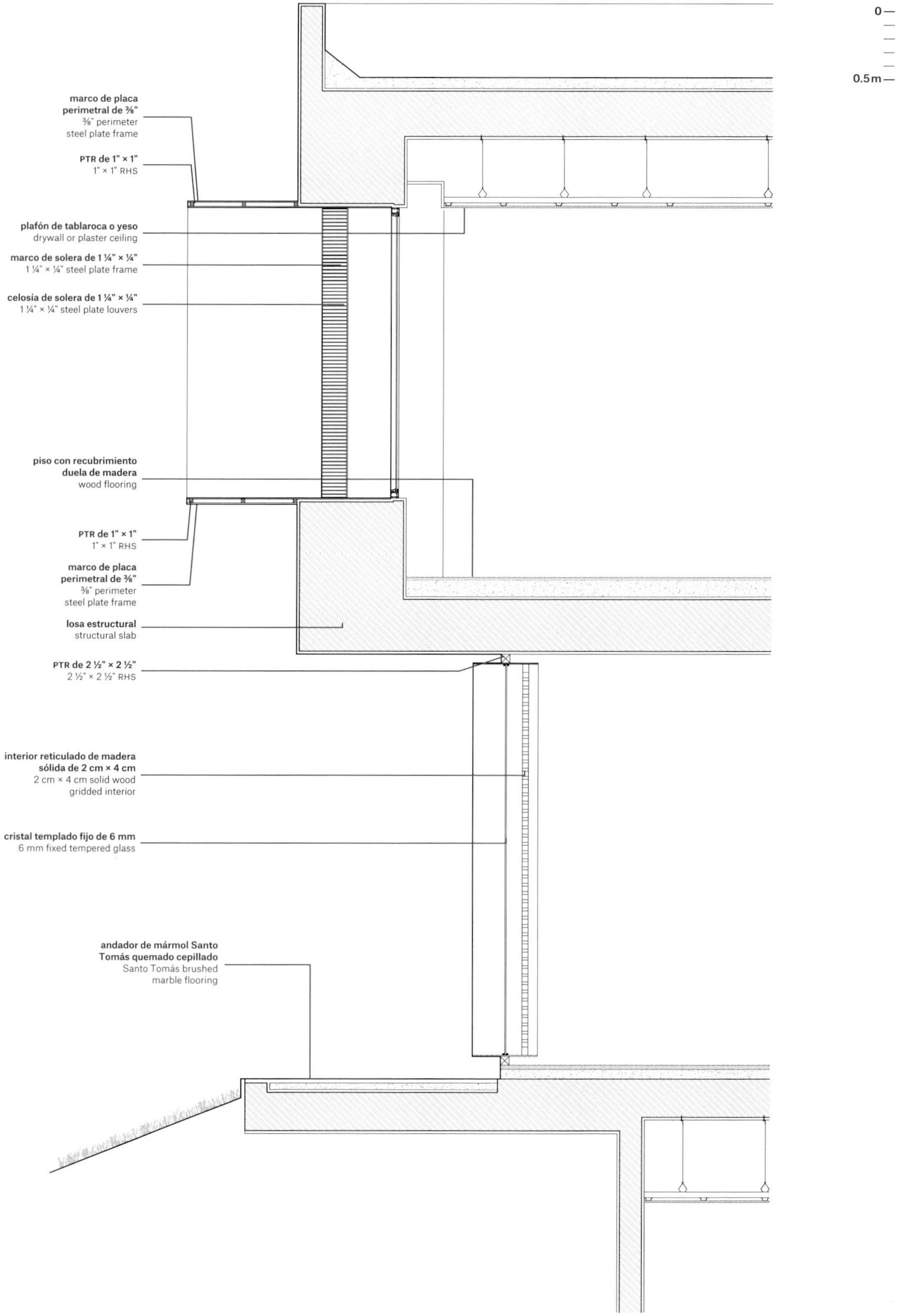

Sección por fachada Façade section

CASA LA

Guadalajara, Jalisco, México
2014

Con el proyecto de la Casa LA se retrocede en el terreno para crear un espacio abierto debajo de las copas de los árboles, como gesto de bienvenida, a diferencia de las casas vecinas, cuyo frente de construcción se extiende al borde de la servidumbre frontal.

El ingreso principal a la propiedad conduce a un pasillo exterior techado que pospone el acceso a la casa, flanqueado por un muro de piedra que oculta la cochera. El pasaje se abre hacia un estanque amplio con un prisma flotante de vidrio que se proyecta desde la casa y que alberga el estudio. Un sendero formado por bloques de piedra que emergen del agua ofrece una ruta exterior hacia las áreas públicas de la casa.

El programa se resuelve en dos bloques. Al frente de la propiedad se desplanta el edificio principal que contiene todas las áreas esenciales de la casa. En la parte posterior y más accidentada del terreno encontramos una alberca y un volumen, que se asoma a una cañada posterior al terreno, donde se desarrollan actividades complementarias.

La experiencia de ingreso al complejo presenta una secuencia de capas o velos. Se comienza por el espacio arbolado detrás de la línea de servidumbre, continuando a través del corredor abierto de ingreso, pasando por un patio hasta llegar a los espacios de convivencia al fondo del edificio.

El concepto para el edificio principal se desarrolla en torno a un patio central que permite ventilar naturalmente todos los espacios de la casa. Los ventanales que delimitan el patio actúan como una membrana permeable que desaparece para integrar el exterior y el interior en planta baja. El segundo nivel de este volumen, el cual alberga las recámaras, también vive hacia el patio central de la casa. Cruzando el jardín que separa los dos bloques del complejo se encuentra un pasaje a un sendero sinuoso que desciende a un jardín/huerto al fondo del terreno, junto a la cañada.

The LA House is set back on the terrain to create an open space underneath the tree canopies as a welcoming gesture, in contrast to the neighboring properties whose construction frontage extends up to the edge of the street pavement.

The main access to the property leads to an exterior passageway that prolongs the entry into the house. A stone wall conceals the garage on one side of this covered walkway that opens up onto a large reflecting pool with a floating glass prism that projects out from the house and contains the studio. Stone blocks emerge from the water to form a path leading toward the house's public areas.

The program has two blocks: the main building at the front of the property contains all the core parts of the house. In the uneven terrain to the rear are a swimming pool and an adjacent volume, overlooking a gully behind the property, for other recreational activities.

The entry experience unveils a series of layers, beginning with the area with trees beyond the street pavement that continues along the entrance corridor, crossing over an open courtyard and leading to the communal spaces at the back of the building.

The concept for the main volume centers on a central courtyard that provides natural ventilation to every interior space. The operable windows demarcating this courtyard act as a permeable membrane that disappears to merge the interior and exterior spaces on the ground floor. This volume's second level contains bedrooms creating an experience oriented toward the house's central courtyard. Across the garden that separates both of the complex's blocks is a winding path leading down to a garden/orchard to the rear of the property, by the gully.

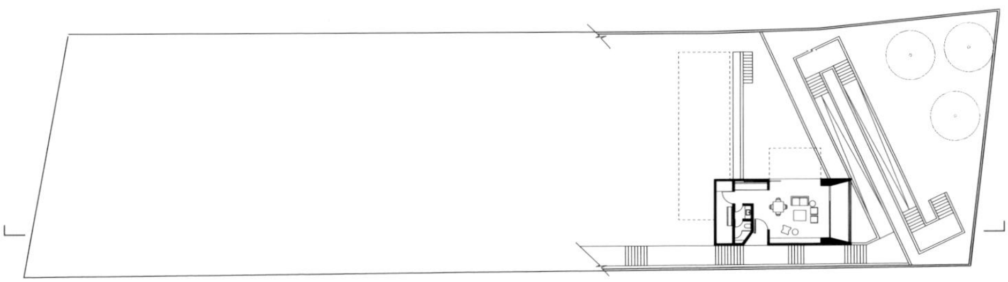

Planta sótano Basement plan

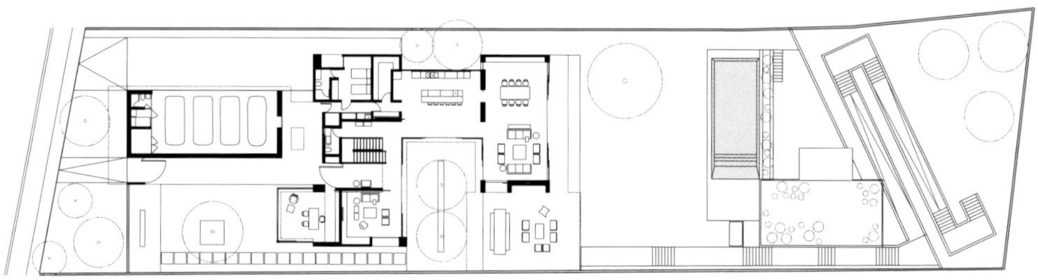

Planta baja Ground floor plan

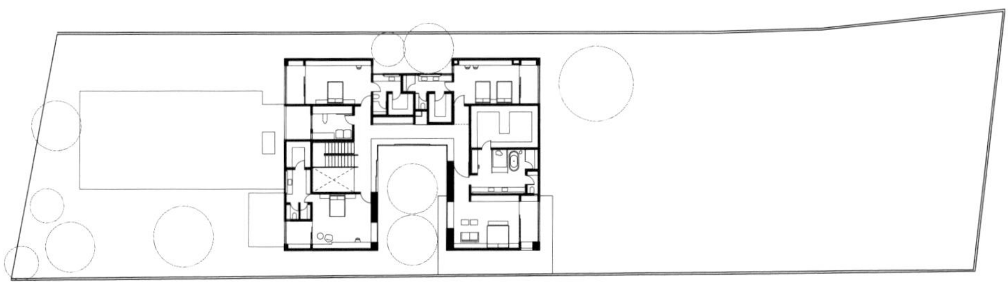

Planta alta Upper floor plan

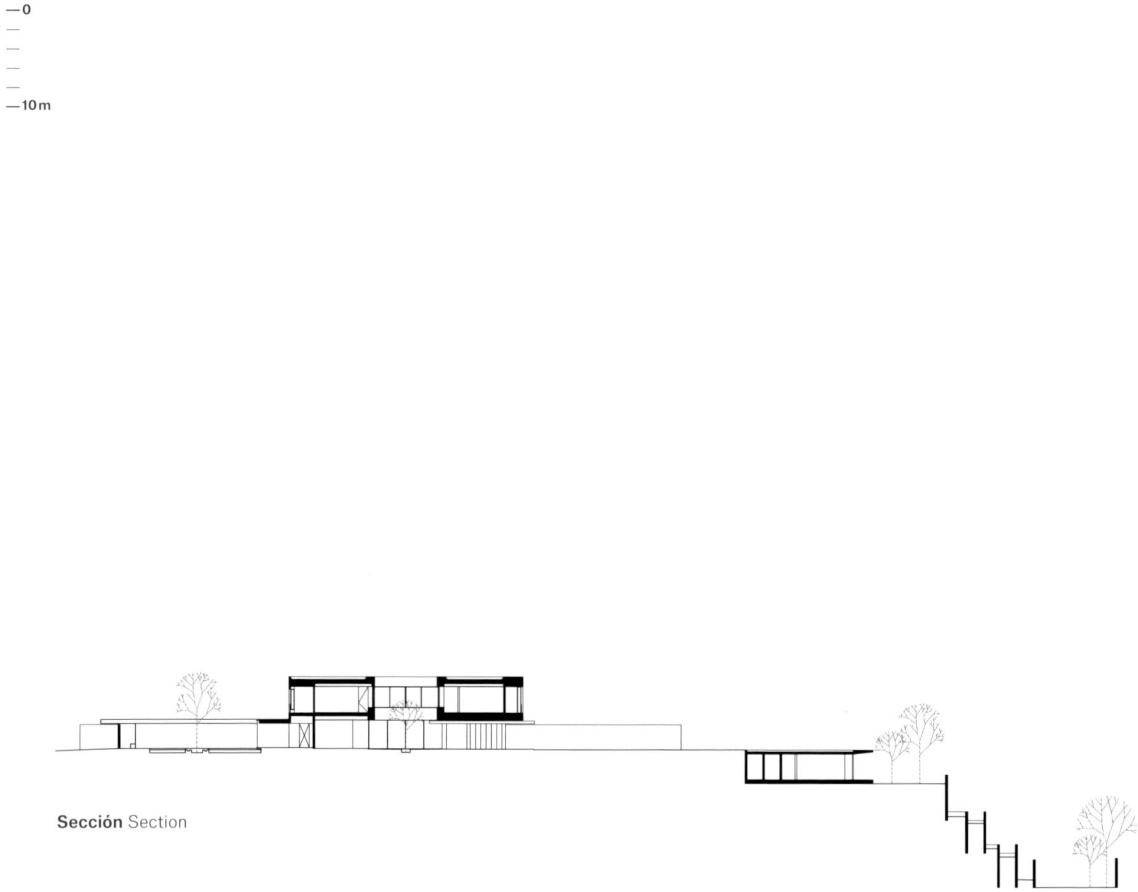

Sección Section

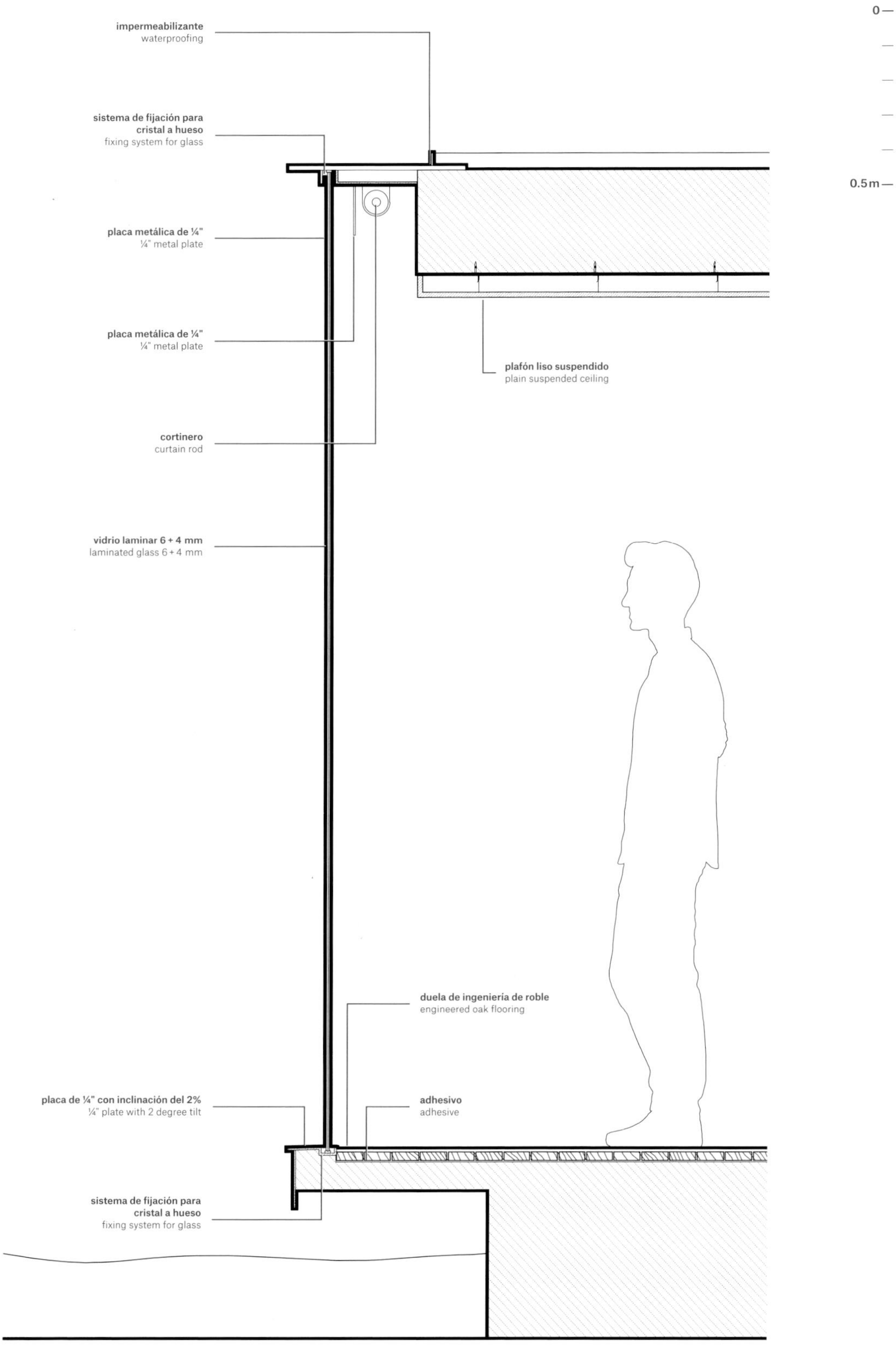

Sección por fachada Façade section

CASA LA PUNTA

Punta Mita, Nayarit, México
2012

Casa La Punta se encuentra en un paraje de Punta Mita, en la costa de Nayarit, a unos cuantos pasos del mar.

En un principio, la clienta hizo la petición explícita de que el diseño de la casa rompiera con el paradigma regionalista que impera en la arquitectura de la zona. Quería que la casa consistiera en volúmenes austeros en un diálogo constante con el entorno. Ella estuvo involucrada de manera activa en el desarrollo del proyecto y fue la responsable del diseño de interiores.

El complejo consiste en un conjunto de construcciones que asemejan un paisaje de objetos sembrados y formados por la naturaleza a través del tiempo. La casa se organiza en tres módulos. Cada uno alberga una serie de funciones distintas y goza de un grado propio de privacidad y permeabilidad. El módulo de ingreso contiene todas las áreas de servicio y envuelve un espacio de doble altura que funciona como taller. El módulo principal aloja todos los espacios que componen la vivienda, tanto públicos como privados. El tercer módulo, y el más próximo al mar, se articula como un portal alargado de concreto que resguarda una terraza interior.

Un sendero lineal atraviesa el sitio en diagonal y conecta el océano con el módulo de ingreso. A medio trayecto, el sendero intersecta un conjunto de baldosas regulares de concreto, dislocadas entre sí, que conducen al módulo principal sobre una cama de roca volcánica.

Los módulos hincados, independientes el uno del otro, se ven conectados por su contexto y cumplen la función de ser únicamente un refugio bajo la sombra que permite y, de alguna manera, obliga al habitante a vivir siempre hacia el exterior.

Casa La Punta is located in Punta Mita on the Nayarit coast, just steps from the sea.

At the outset, the client explicitly requested that the house should break from the area's predominantly regionalist architecture and have stark volumes in constant dialogue with the surroundings. She remained actively involved in the project's development, overseeing the interior design.

The complex consists of a set of constructions resembling a landscape of planted objects, shaped by nature over time. The house has three modules, each one with its own series of different uses, offering both a certain level of privacy and permeability. The lobby module includes all the utility areas and surrounds a double-height space that functions as a workshop. The main module contains all the private and public spaces within the house. The third module, and the one closest to the sea, acts as an elongated concrete portal that shelters an indoor terrace.

A linear path crosses the site diagonally and connects the lobby module to the ocean. Halfway along, the path intersects with a series of staggered, rectangular concrete paving stones, leading to the main module that sits on a base of volcanic stone. The low-slung, independent modules are connected by their context and carry out the sole function of providing a shaded area where the occupants remain always in contact with the surrounding exterior.

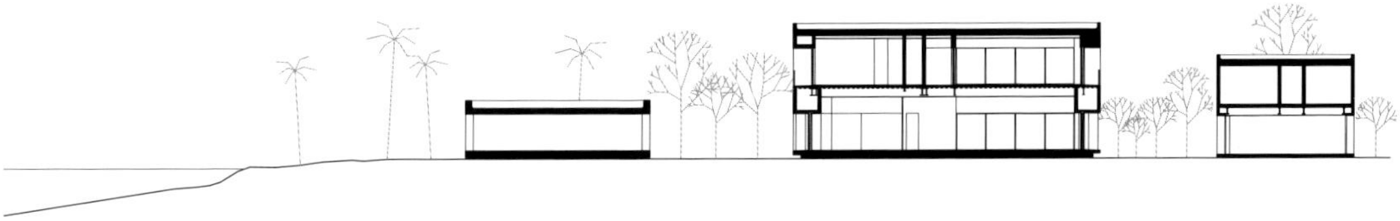

Sección Section

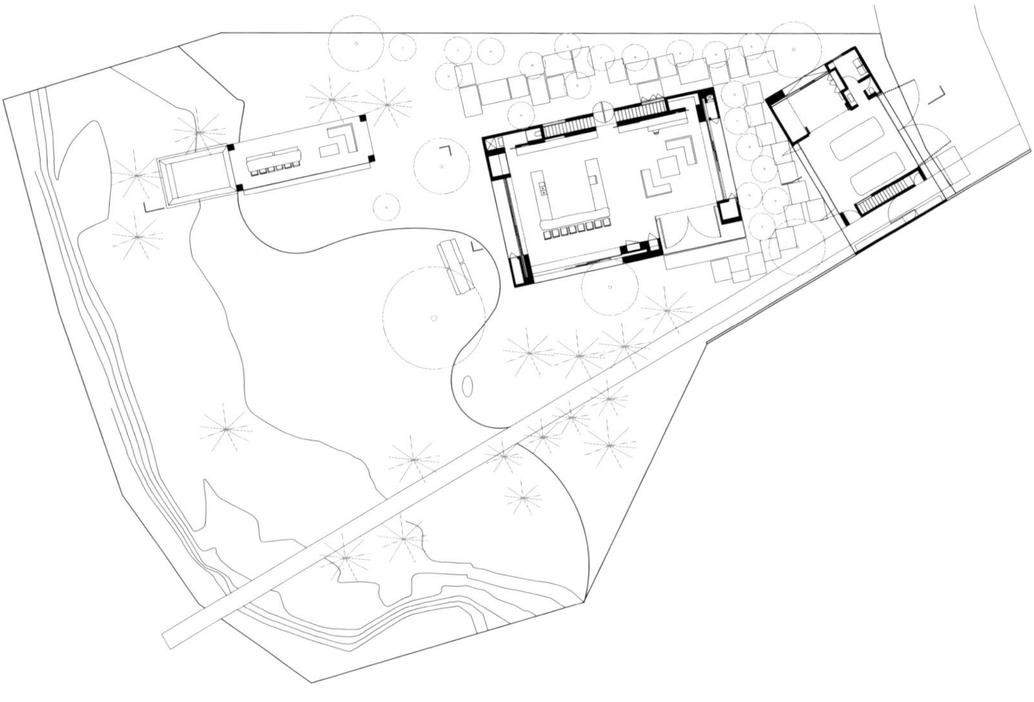

Planta baja Ground floor plan

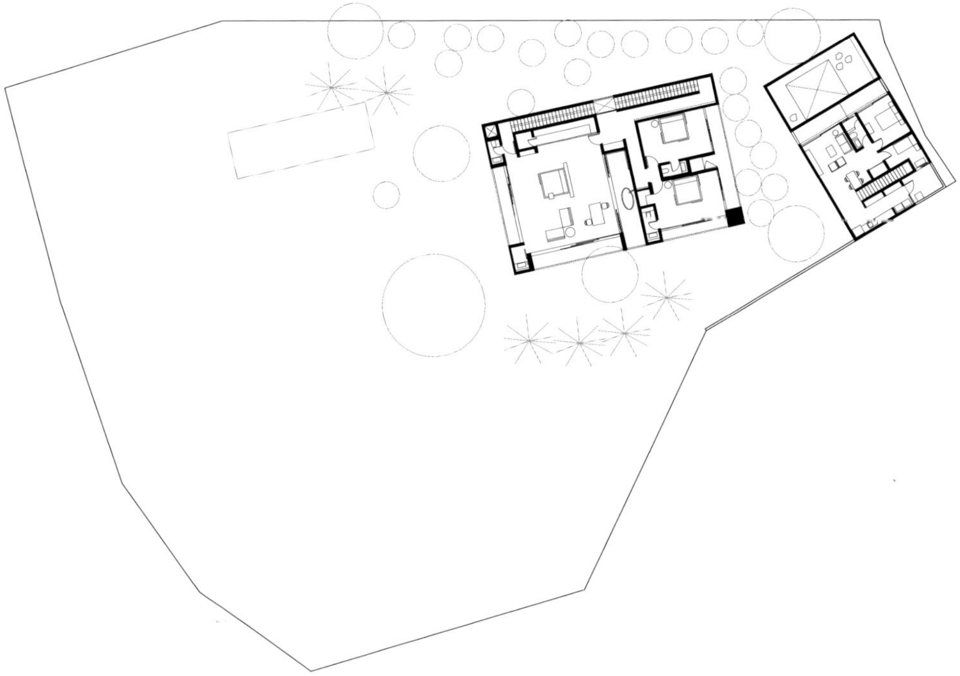

Planta alta Upper floor plan

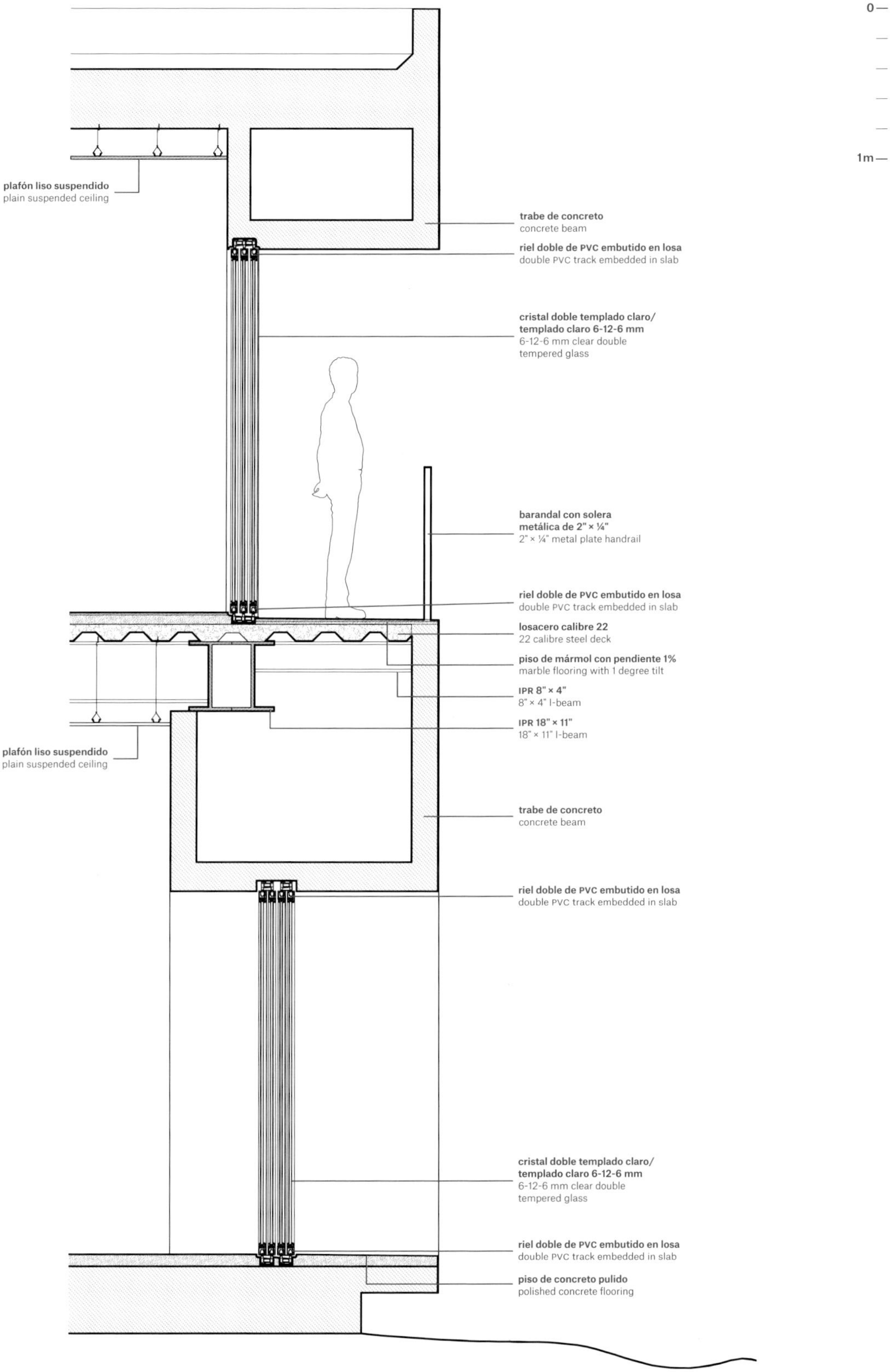

Sección por fachada Façade section

CASA LM

129

Tlajomulco de Zúñiga,
Jalisco, México
2020

Ubicada en la cima de una montaña en Guadalajara, Casa LM nace del encargo de una pareja joven que buscaba tener un oasis dentro de la ciudad.

Una grapa de concreto —la cual alberga el programa social— se posa firmemente en la parte alta de una loma del terreno, sugiriendo al visitante ingresar por debajo de ella. La grapa recibe sobre ella una caja de madera, aparentemente cubierta del exterior por su solidez, pero con la cualidad de contar con postigos abatibles que generan vanos en el volumen, filtran la luz del sol y permiten al usuario asomarse hacia el exterior para dialogar con su entorno. El movimiento de estos postigos nos ayuda a lograr una casa siempre cambiante en la manera de vivirla y en la manera de percibirla desde el exterior, así como la protección al interior de la luz solar.

Al contrario de la planta alta, con el basamento de concreto que abraza al programa público, en la planta baja se enfatiza el exterior, especialmente en la parte posterior del terreno, vecina de un campo de golf, que se adentra a la casa por medio del jardín. Esta relación es notoria desde el ingreso de la casa, el cual remata con una larga alberca que nace del interior de la casa y sale al jardín queriendo alcanzar el paisaje inmediato, incitando al usuario a contemplar en todo momento aquella vista del "jardín eterno". Por el otro lado, el volumen de madera que alberga al programa privado es más sereno en su interior, ya que se buscó un espacio de introspección donde el habitante pudiera encontrarse en la soledad.

A young couple commissioned LM House as an oasis within the city on a hilltop location in Guadalajara.

A concrete staple—containing the house's social area—sits firmly on the upper part of a hill on the property, inviting visitors to enter beneath it. Above the staple, a wooden box apparently sheltered from the exterior due to its solidity, but with folding shutters to create openings in the volume that filter sunlight and give users contact with their surroundings. Apart from protecting the interior from direct sunlight, the movement of these shutters helps create a house that always offers a different experience and appears to change depending on the viewer's perspective.

Unlike the upper story, the concrete base around the public areas on the ground floor draws attention to the exterior, especially to the rear of the plot that adjoins a golf course that folds into the house through the garden. This relation is clear from the house's entrance where a long swimming pool emerges from the interior and penetrates the garden to blend in with the surrounding landscape, encouraging users to enjoy the "infinity garden" at all times. The private area's wooden volume produces a calming effect inside, somewhere occupants can enjoy a moment of solitude and reflection.

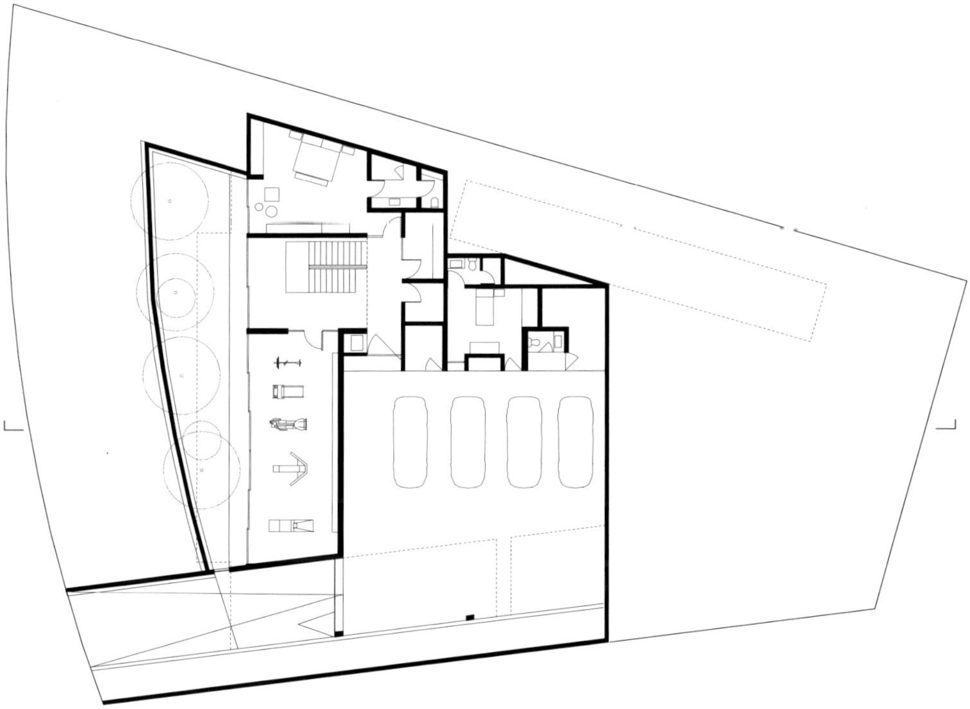

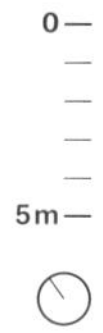

Planta sótano Basement plan

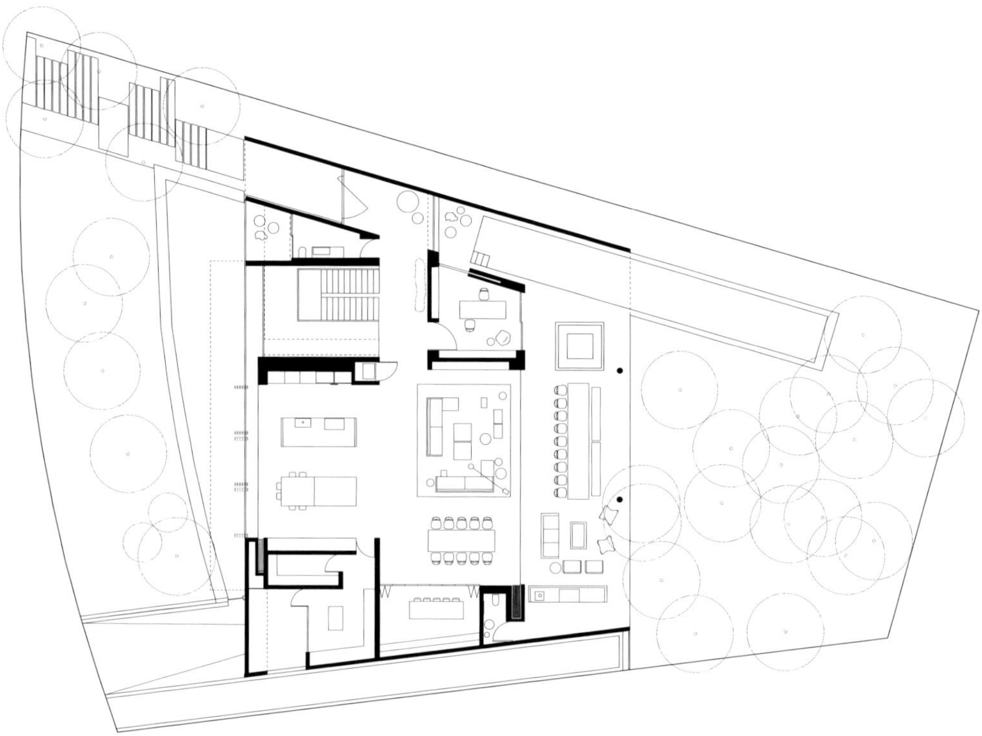

Planta baja Ground floor plan

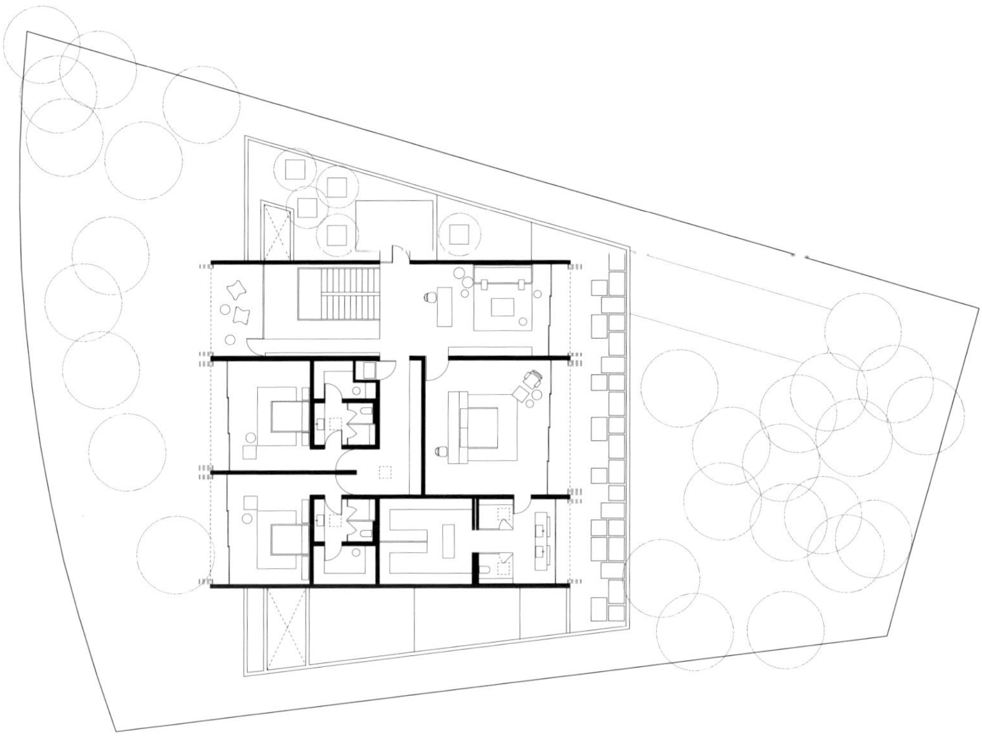

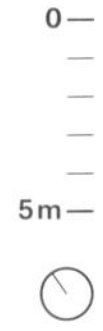

Planta alta Upper floor plan

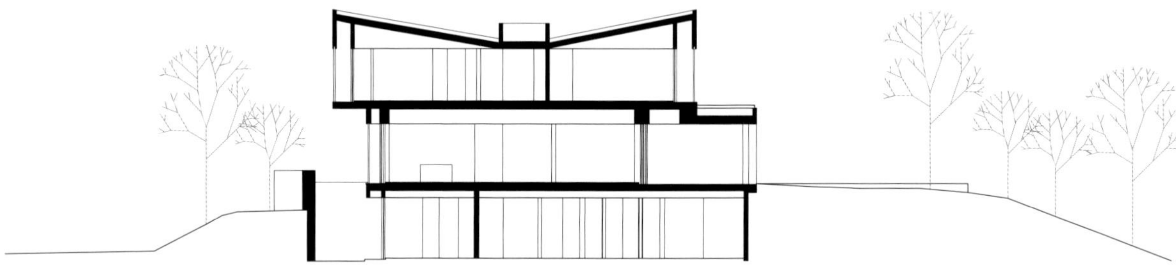

Sección Section

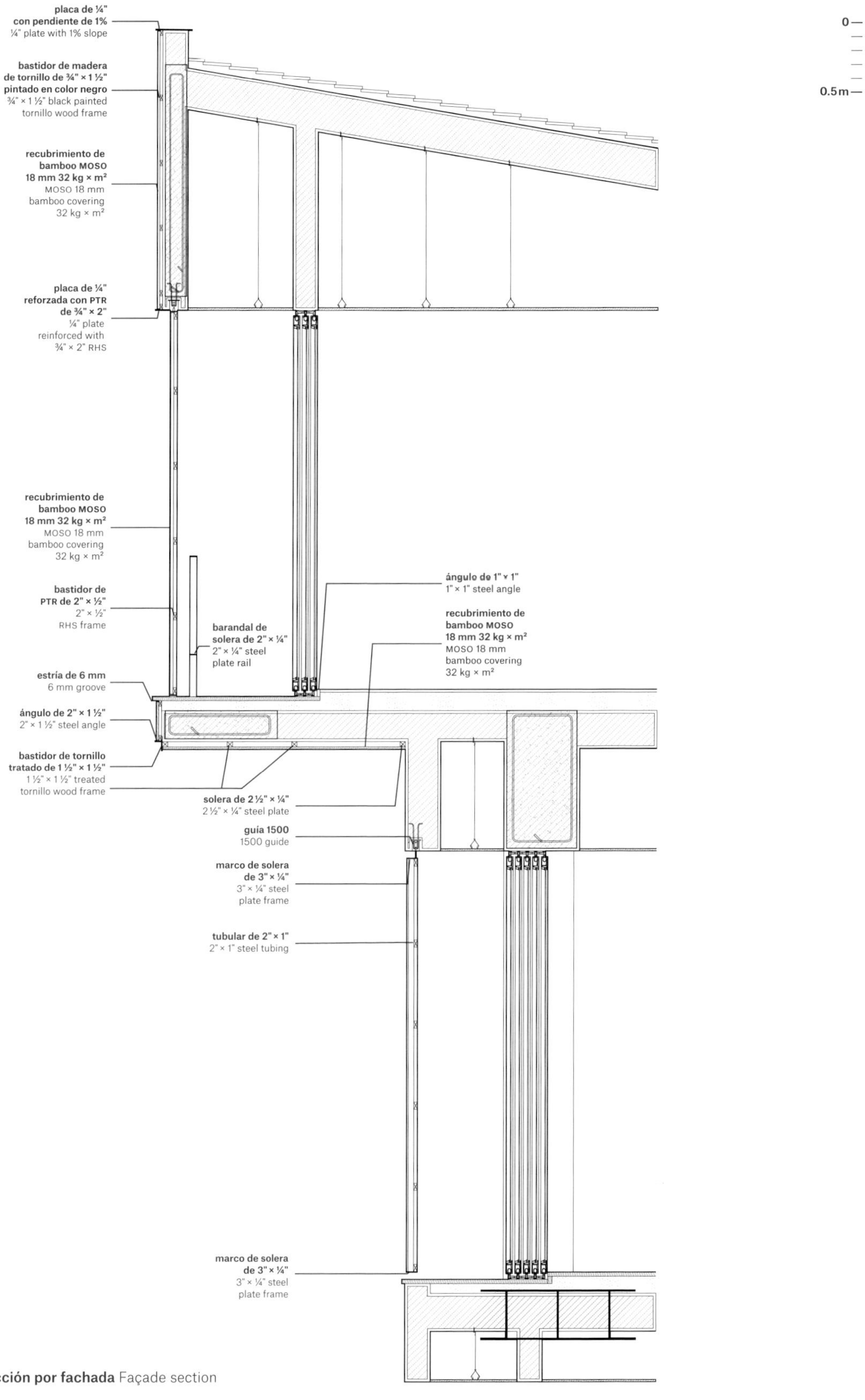
placa de ¼" con pendiente de 1%
¼" plate with 1% slope
bastidor de madera de tornillo de ¾" × 1 ½" pintado en color negro
¾" × 1 ½" black painted tornillo wood frame
recubrimiento de bamboo MOSO 18 mm 32 kg × m²
MOSO 18 mm bamboo covering 32 kg × m²
placa de ¼" reforzada con PTR de ¾" × 2"
¼" plate reinforced with ¾" × 2" RHS
recubrimiento de bamboo MOSO 18 mm 32 kg × m²
MOSO 18 mm bamboo covering 32 kg × m²
bastidor de PTR de 2" × ½"
2" × ½" RHS frame
barandal de solera de 2" × ¼"
2" × ¼" steel plate rail
ángulo de 1" × 1"
1" × 1" steel angle
recubrimiento de bamboo MOSO 18 mm 32 kg × m²
MOSO 18 mm bamboo covering 32 kg × m²
estría de 6 mm
6 mm groove
ángulo de 2" × 1 ½"
2" × 1 ½" steel angle
bastidor de tornillo tratado de 1 ½" × 1 ½"
1 ½" × 1 ½" treated tornillo wood frame
solera de 2 ½" × ¼"
2 ½" × ¼" steel plate
guía 1500
1500 guide
marco de solera de 3" × ¼"
3" × ¼" steel plate frame
tubular de 2" × 1"
2" × 1" steel tubing
marco de solera de 3" × ¼"
3" × ¼" steel plate frame
0
0.5m

CASA MM

Tapalpa, Jalisco, México
2014

El proyecto para Casa MM nació de un encargo inusual por parte de dos hermanos que contaban con una propiedad extensa en el bosque de Tapalpa. La encomienda contemplaba el diseño de dos casas separadas con necesidades similares que mantuvieran un lenguaje común, pero que expresaran una personalidad propia. El deseo de esa singularidad y las condiciones topográficas del terreno se convirtieron en las variables cardinales para el proyecto.

Se utilizó el mismo criterio para el dimensionamiento de espacios y la relación entre los elementos del programa de ambas casas. El acceso a los edificios fue uno de los esfuerzos primordiales de diseño por instrucción explícita de los clientes, quienes expresaron interés en que el ingreso fuera concebido como una experiencia por sí misma. Además de obedecer a un criterio de funcionalidad cabal, la distribución espacial de los accesos se articuló en torno a patios abiertos que atrapan la atención del visitante.

La solución arquitectónica para ambos edificios está determinada en gran medida por la necesidad de un uso flexible del espacio y el deseo de un vínculo directo con la intemperie. Es por esto que un gran porcentaje de las paredes y ventanales del complejo son en realidad divisiones operables que pueden ocultarse por completo para conectar espacios contiguos con funciones afines, o para derramar el interior de la casa hacia afuera.

La casa A, que se desplanta en la parte alta del terreno, se distingue de la casa B por su disposición un tanto introvertida con el entorno y por su geometría ligeramente angular. Su programa se distribuye en torno a un patio abierto.

La casa B comparte a grandes rasgos la distribución espacial de la casa A, pero exhibe en su planta una disposición lineal, de manera que todos los espacios se abren hacia el bosque fuera de la propiedad.

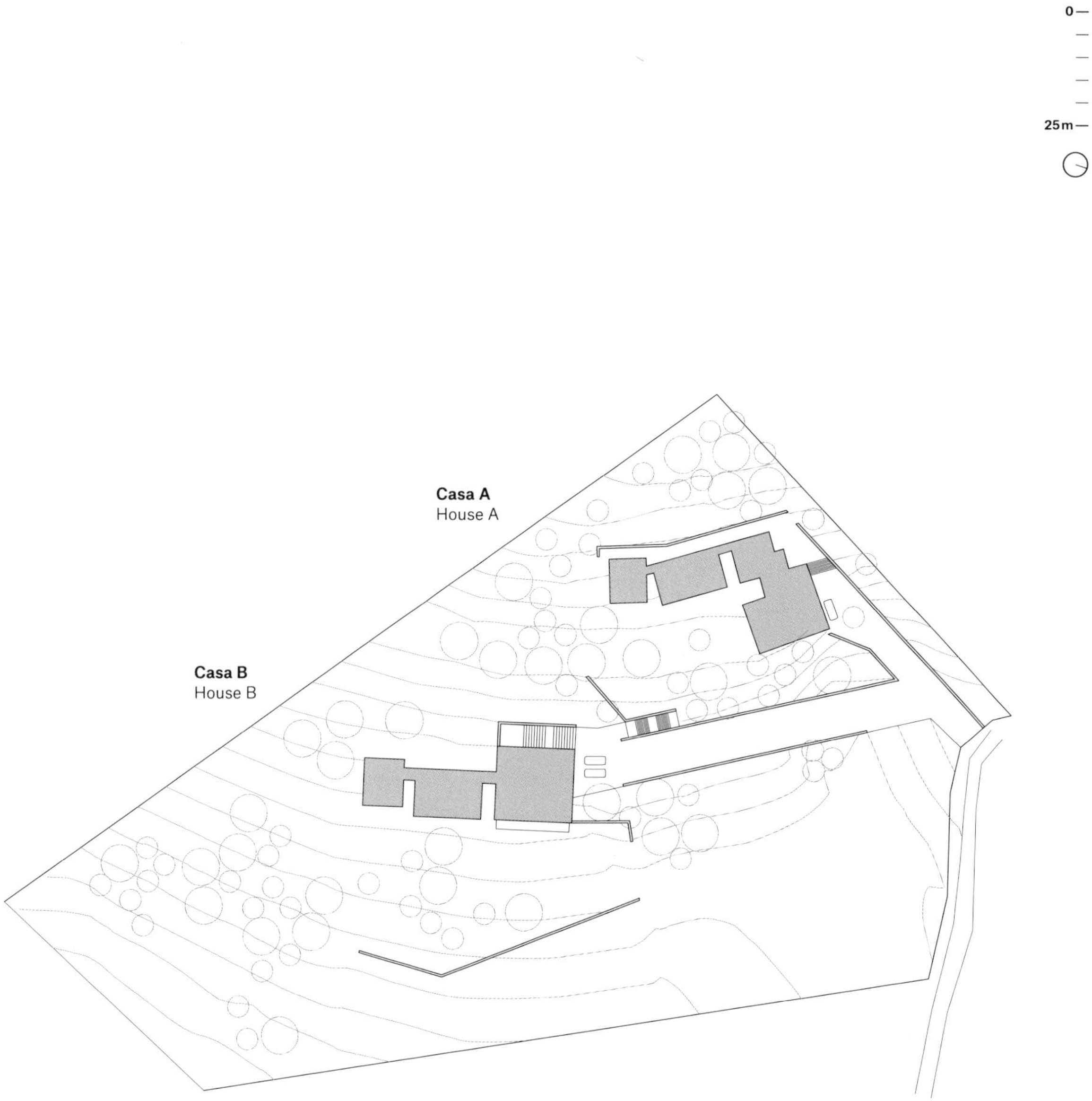

Planta de conjunto General plan

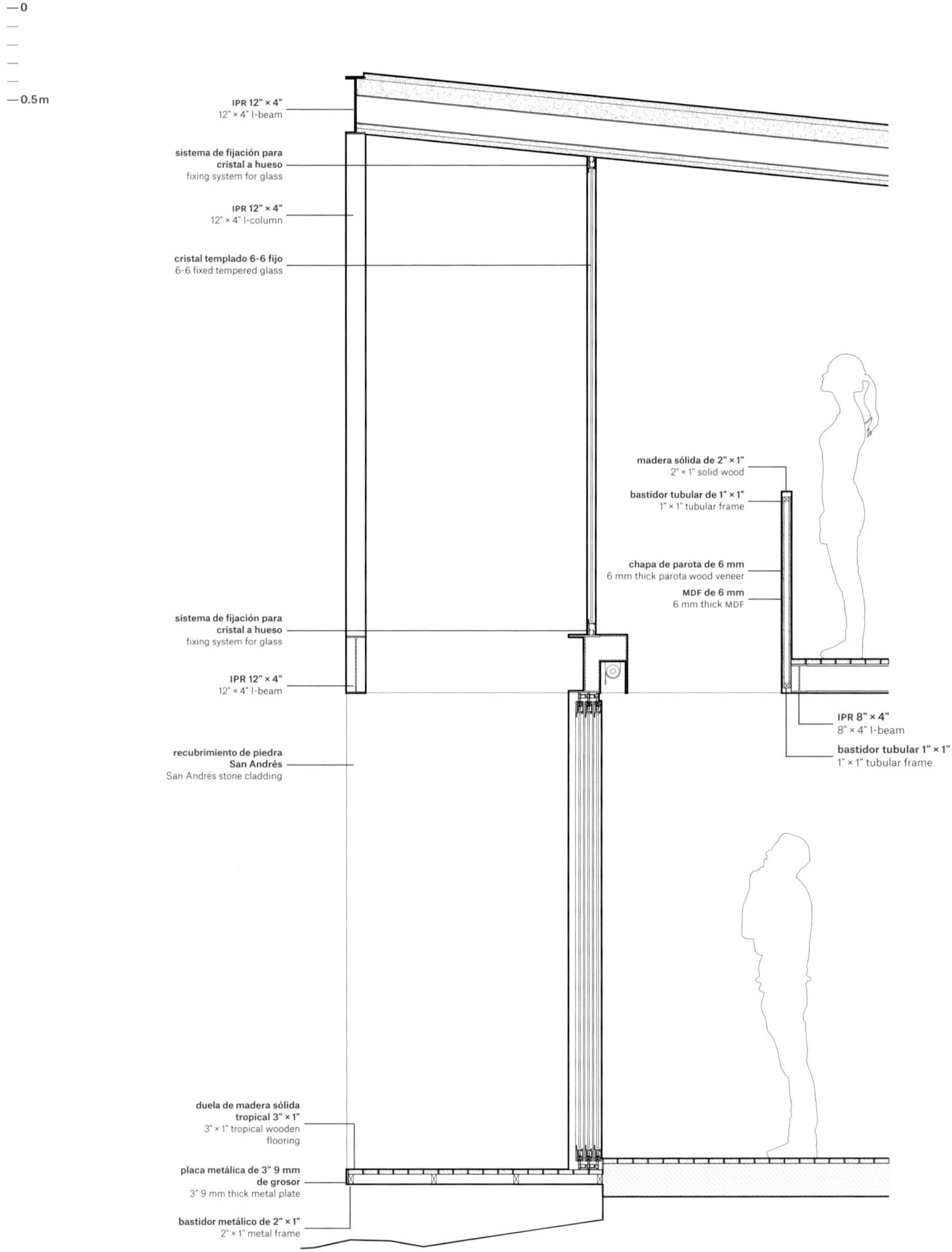

Sección por fachada Façade section

The MM House project was the result of an unusual commission from two brothers who owned a large area of land in the woodland of Tapalpa. The brief was for two separate houses of similar spatial requirements, both with the same aesthetic yet each with its own character. These particular parameters and the type of terrain became the key variables for this project.

We applied the same criteria for sizing the different areas and their spatial relationship between elements of both houses' programs. For the design, the clients explicitly wanted to prioritize the access to the buildings as an experience in itself. Apart from being entirely functional, the entry layout is designed around attractive courtyards.

In the case of both buildings, the need for a flexible use of space and the desire for a direct connection with the outdoors largely defines the architecture. Therefore, many of the walls and windows are operable, concealable partitions in order to connect adjacent spaces with similar functions, or to allow the house's interiors to blend seamlessly with the exteriors.

House A, on the higher part of the land, contrasts with House B since it is more inward-facing and has a slightly angular geometry. Its program revolves around an open courtyard.

House B has a largely similar spatial distribution to House A, only with a more linear plan, so that all the spaces look out over the surrounding woods.

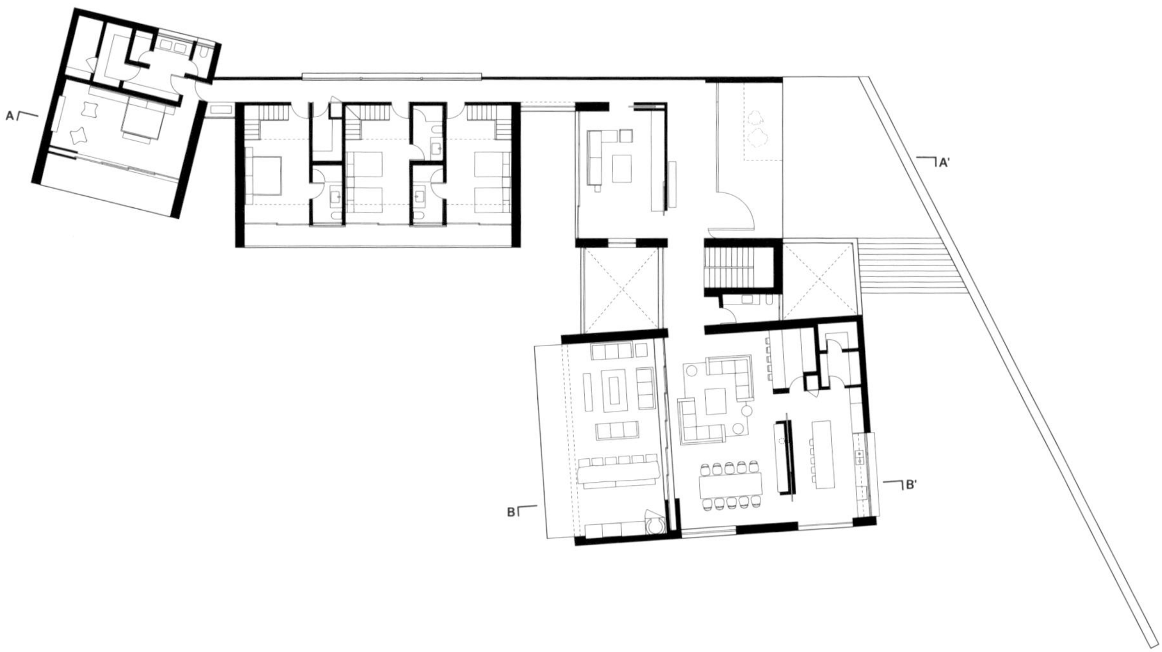

Casa A House A **Planta baja** Ground floor plan

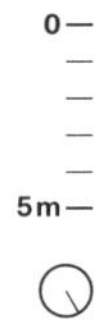

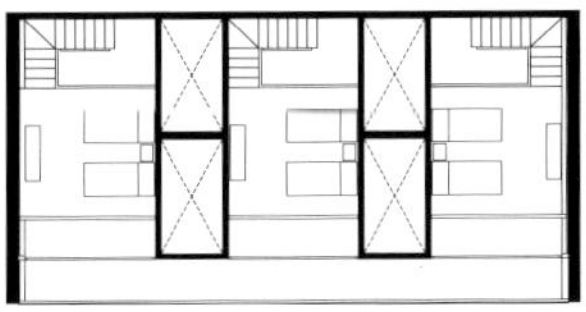

Planta alta Upper floor plan

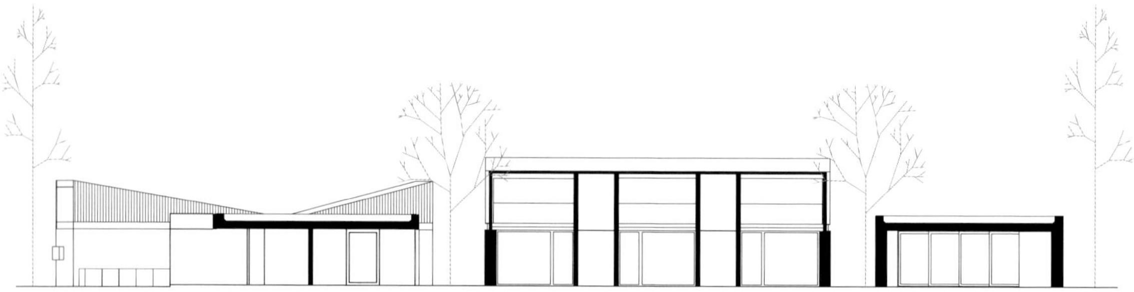

Casa A House A **Sección A-A'** Section A-A'

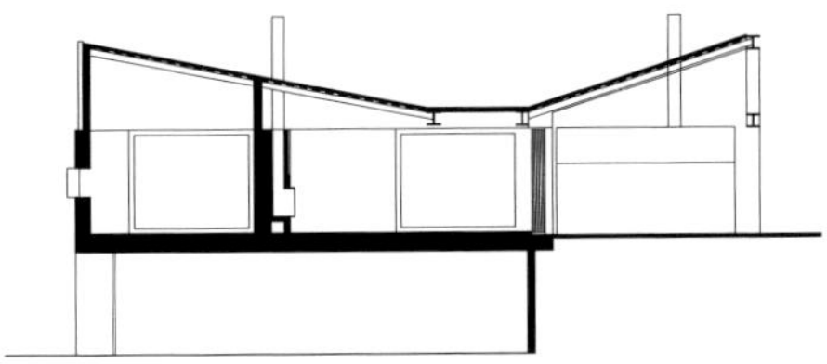

Sección B-B' Section B-B'

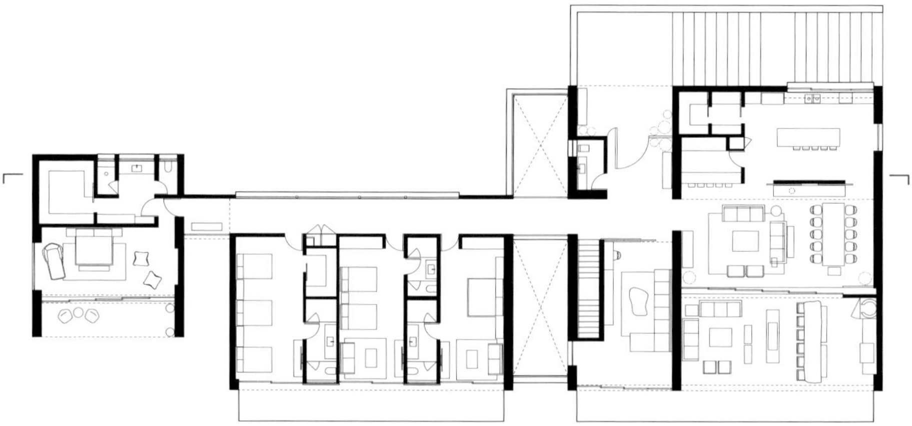

Casa B House B

Planta baja Ground floor plan

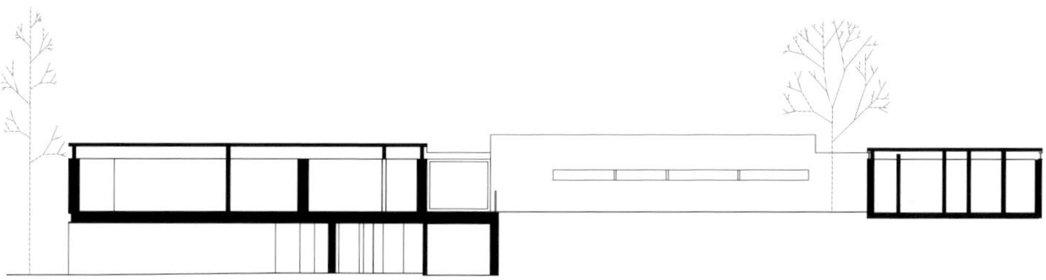

Sección Section

CASA NS

ANDO

Zapopan, Jalisco, México
2020

Ubicada en un fraccionamiento privado, con un reglamento que preestableció muchas de las premisas de diseño, Casa NS está asentada sobre una topografía precipitada que aprovecha sus desniveles para generar dos ingresos peatonales. Uno de ellos está entre dos grandes contenciones de piedra, como si éstas se agrietaran y abrieran un paso que te lleva al exterior de la casa. El otro es un ingreso más franco que conduce a un vestíbulo que le da la bienvenida al visitante con un estanque de agua.

Otra de las grandes condicionantes del proyecto es la densidad del fraccionamiento donde se encuentra, es por esto que la casa tiene la cualidad de abrirse hacia el jardín que la abraza y de cerrarse hacia la calle cuando es necesario.

La planta baja, parcialmente escondida detrás de las murallas de piedra, es mucho más abierta y se mantiene en constante contacto con su entorno para evitar, en la medida de lo posible, las vistas a la calle, creadas por la transparencia en las fachadas del basamento.

La fachada que envuelve al volumen de la planta alta, donde se encuentra el programa privado, se ve cobijada por una piel traslúcida que crea un diálogo más indirecto del habitante con el exterior, protegiendo así su intimidad cuando sea necesario y, asimismo, protegiendo al espacio interior del sol.

Located in a private subdivision, where regulations governed many of the design concepts, NS House is built on steep terrain and uses the different levels to create two pedestrian access points. One entrance is between two large stone retaining walls, emulating a fissure to open up a route leading into the house's exterior. The other is a more obvious entrance to a lobby area, where a reflecting pool welcomes visitors.

Another conditioning feature of the project is the density of the subdivision. Therefore, the house is experienced in close contact with the surrounding garden, and is blind to the street where necessary.

The ground floor—partially hidden behind the stone walls—is far more open and remains in constant contact with the surroundings to provide maximum protection from the street due to the transparencies created in the base of the building.

The façade surrounding the upper volume that contains the house's private areas has a translucent envelope that creates a more indirect dialogue for occupants with the exterior, thus protecting their privacy when necessary and also protecting the interior from direct sunlight.

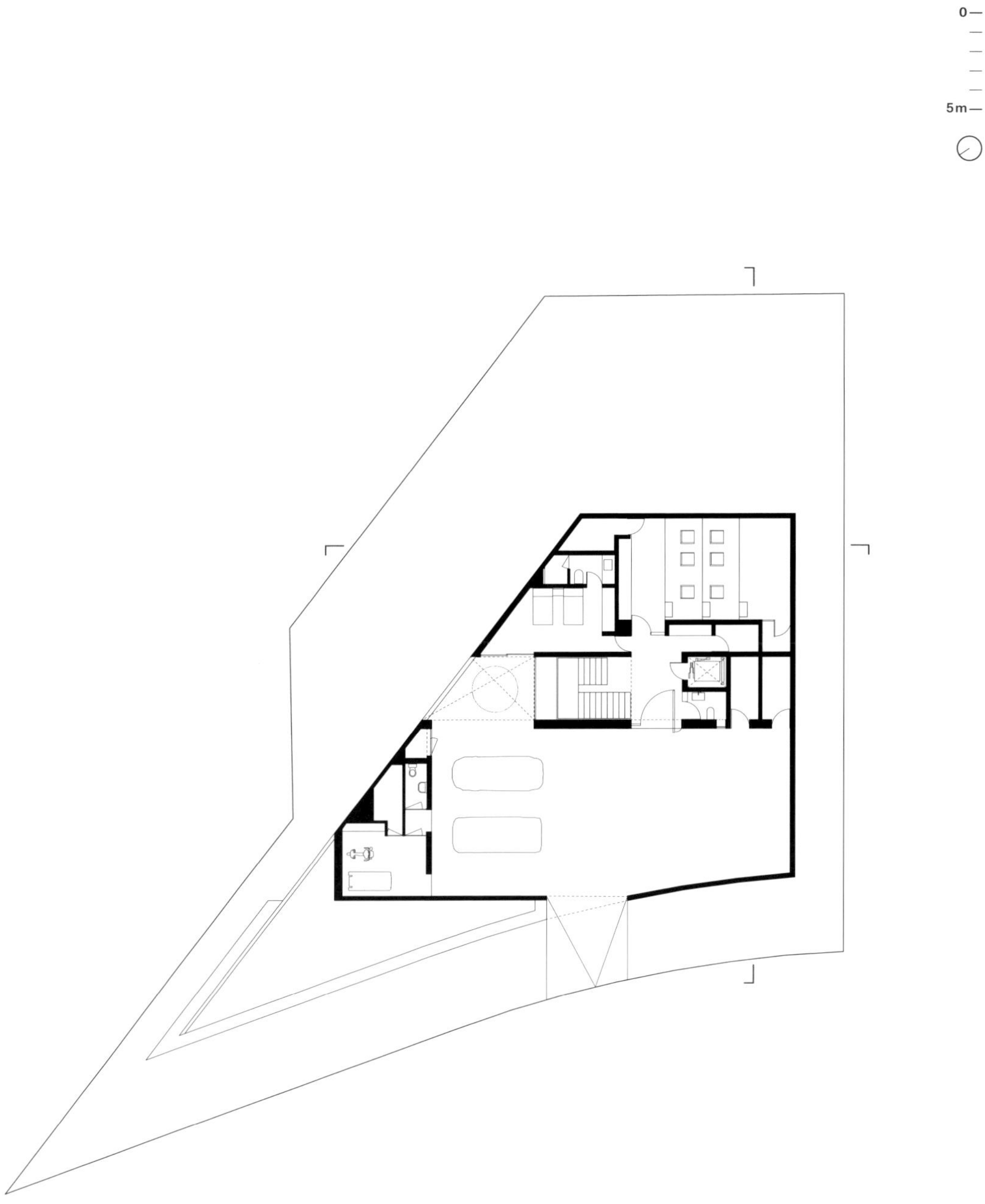

Planta sótano Basement plan

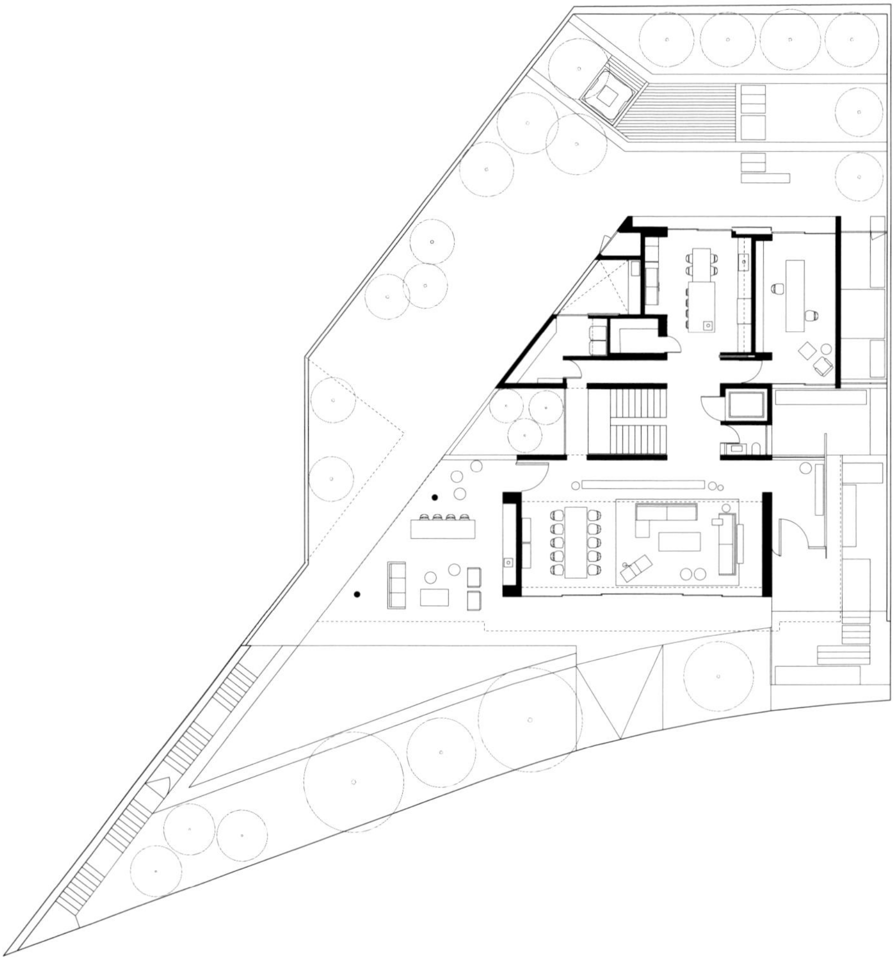

Planta baja Ground floor plan

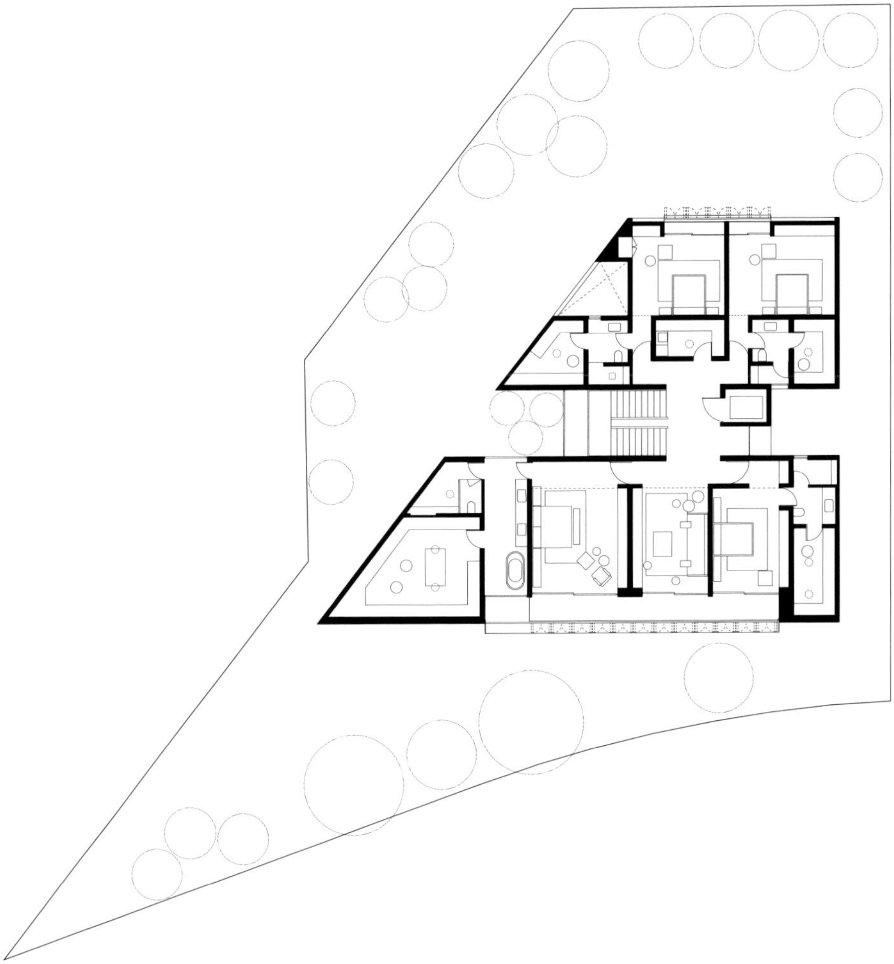

Planta alta Upper floor plan

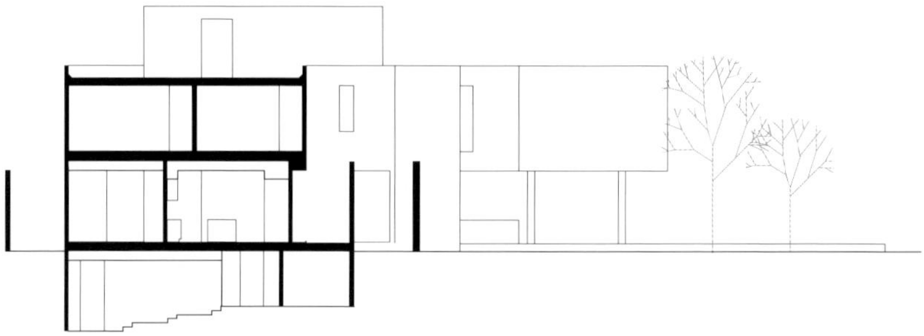

Sección transversal Transversal section

Sección longitudinal Longitudinal section

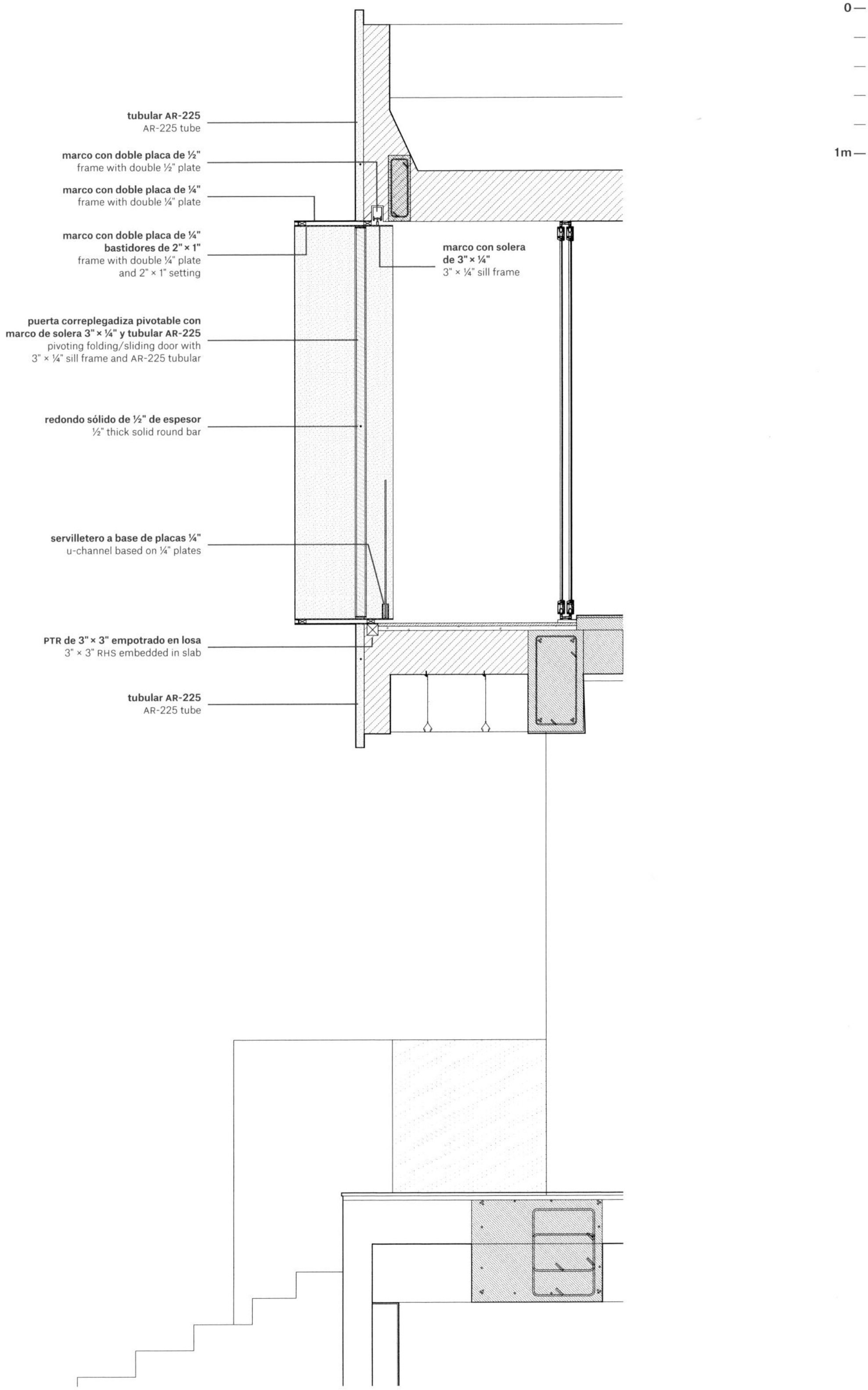
0—
1m—
tubular AR-225
AR-225 tube
marco con doble placa de ½"
frame with double ½" plate
marco con doble placa de ¼"
frame with double ¼" plate
marco con doble placa de ¼"
bastidores de 2" × 1"
frame with double ¼" plate
and 2" × 1" setting
marco con solera
de 3" × ¼"
3" × ¼" sill frame
puerta correplegadiza pivotable con
marco de solera 3" × ¼" y tubular AR-225
pivoting folding/sliding door with
3" × ¼" sill frame and AR-225 tubular
redondo sólido de ½" de espesor
½" thick solid round bar
servilletero a base de placas ¼"
u-channel based on ¼" plates
PTR de 3" × 3" empotrado en losa
3" × 3" RHS embedded in slab
tubular AR-225
AR-225 tube

CASA OVAL

Zapopan, Jalisco, México
2013

El proyecto supuso un reto que se ha vuelto cada vez más común para arquitectos en nuestro país: el diseño de una casa en un conjunto residencial cerrado bajo lineamientos de construcción con restricciones arbitrarias y de carácter tradicionalista.

La privacidad y la eficiencia espacial fueron los dos parámetros cardinales en la concepción del proyecto. Se pretendía que la envolvente resguardara la privacidad visual del interior, a la par que permitiera el paso de luz natural a los distintos espacios y cumpliera con una distribución compacta. Es por esto que únicamente dos vanos se asoman a la calle por la fachada frontal: uno pequeño que da a la escalera y otro más grande que se encuentra con un segundo muro ciego detrás de la fachada y permite ver al cielo desde el exterior, así como desde un patio interior al levantar la mirada. La misma fachada esconde un patio interior en planta alta que permite su iluminación y ventilación natural.

Prácticamente, todos los espacios se dirigen a un jardín posterior para el que la casa tiene una mayor apertura en ambas plantas. Sin embargo, la planta alta es más opaca por estar más expuesta al asoleamiento.

A primera vista, la casa despliega una composición geométrica muy simple; sin embargo, una inspección más cuidadosa revela un cuidado minucioso por la ejecución, el detalle y la calidad espacial.

This project posed a challenge that increasingly conditions the work of architects in Mexico: designing a house for a gated community according to strict construction guidelines with arbitrary restrictions of a traditionalist nature.

Privacy and spatial efficiency were the two guiding principles behind the design: the outer facing needed to ensure privacy as well as allow natural lighting to reach the different interior spaces that have a compact layout, and as a result there are only two openings on the front façade. A small one that overlooks the stairs, and a larger one adjacent to a blind wall behind the façade that offers sky views from the outside as well as from an inner courtyard. The same façade conceals an inner courtyard on the top floor that provides natural lighting and ventilation.

Practically every space leads onto a rear garden so that the house has a more open feel on both floors. However, the top floor is more opaque to avoid solar gain.

On the ground floor, the main entrance connects to a lobby that, in turn, leads to an ample space containing the dining room and living room. The entrance to this space has a large sliding window connecting to a concrete terrace next to a rear courtyard. The kitchen fits snugly within an area that adjoins the dining room. The second-floor bedrooms and family room are in a glass prism around a central courtyard, suffusing the corridor with natural light.

The house initially appears to have a very straightforward geometric layout, but upon closer inspection it reveals precise detailing, execution and quality of space.

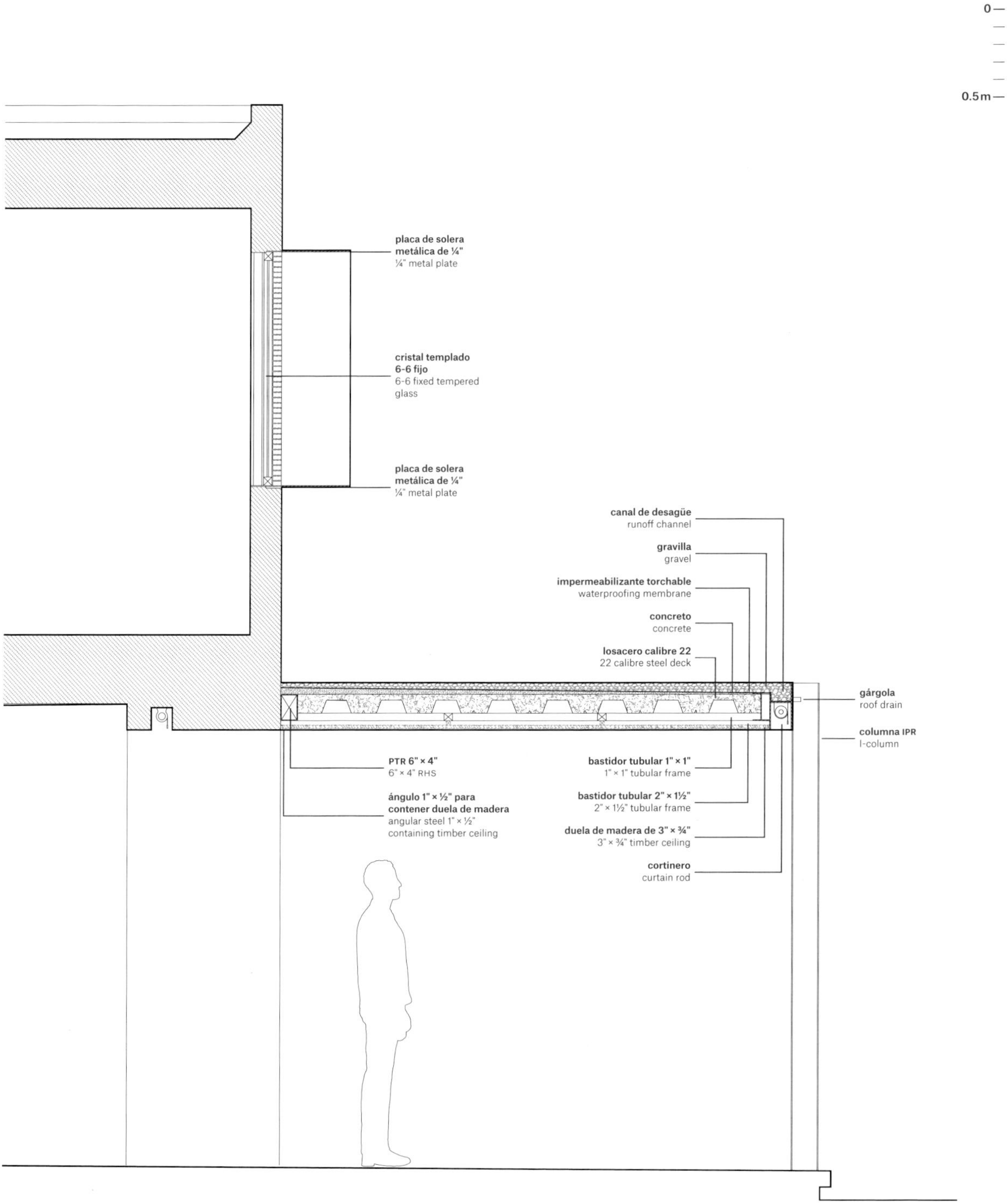

Sección por fachada Façade section

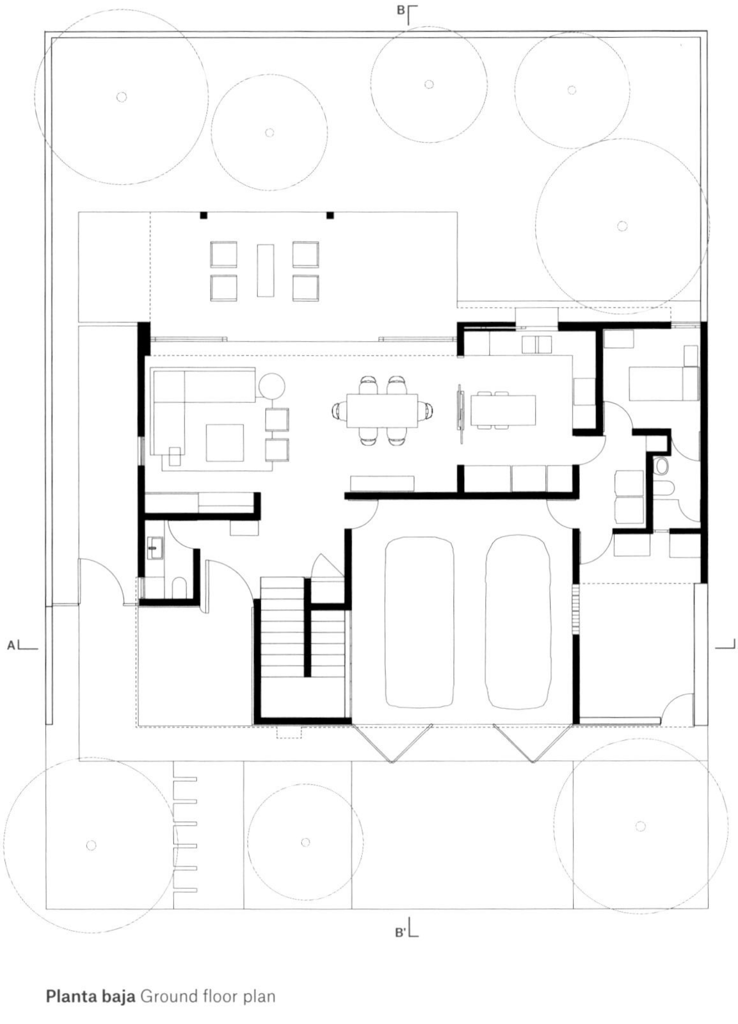

Planta baja Ground floor plan

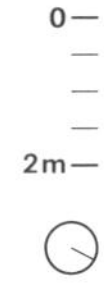

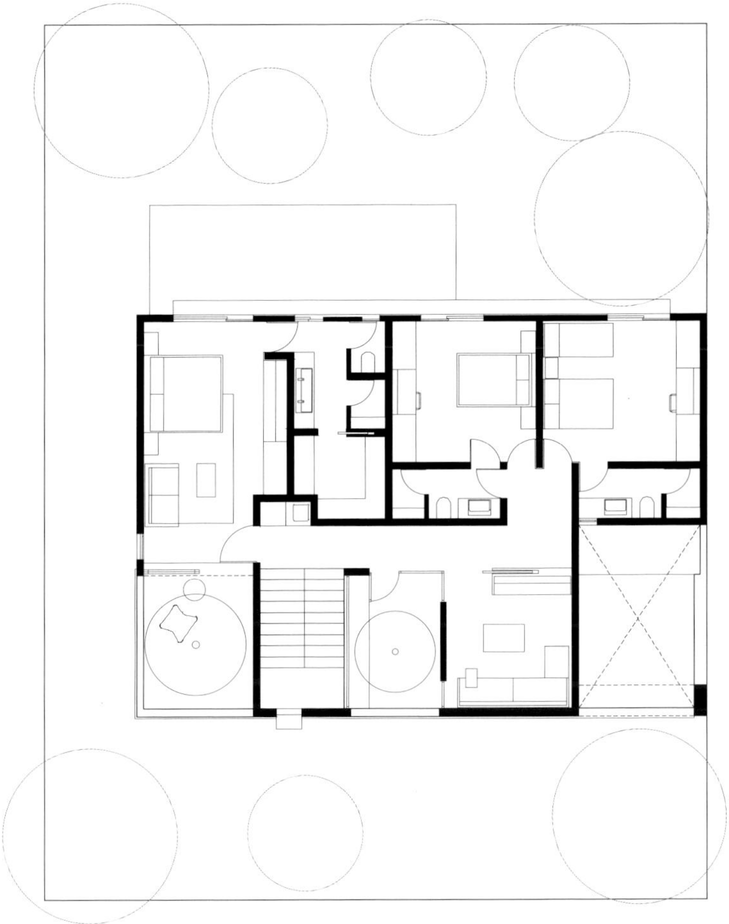

Planta alta Upper floor plan

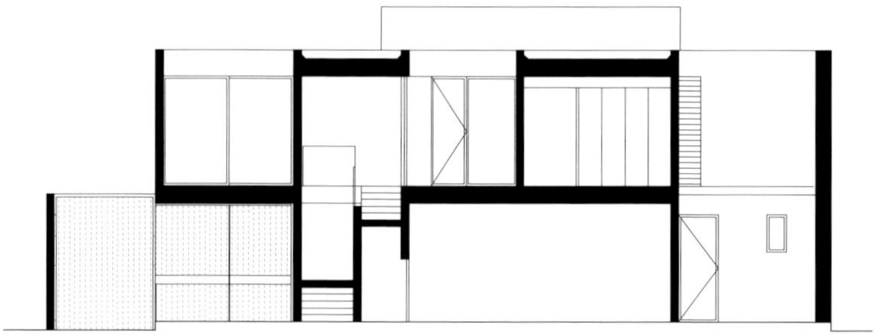

Sección A-A' Section A-A'

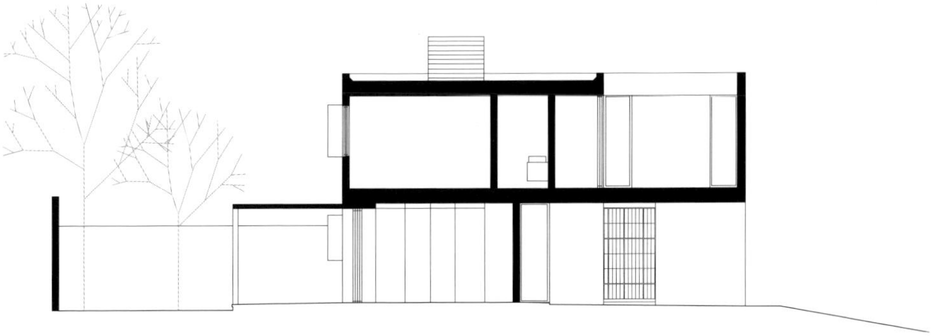

Sección B-B' Section B-B'

CASA RO G

Guadalajara, Jalisco, México
2010

Situada en una zona residencial en Guadalajara, Casa RO es el producto de un compromiso de restauración meticulosa. La casa original fue construida en los años 60 en el Estilo Internacional y alguna vez había ofrecido todas las inquietudes estéticas que dominaban la producción arquitectónica de su día. Su geometría ortogonal, su distribución franca, su apertura al exterior y los materiales utilizados en su construcción fueron algunas de las señales que sirvieron como punto de partida para iniciar el arduo proceso de intervención. El principal desafío fue adaptar este antiguo cascarón de una casa sin alterar y satisfacer las necesidades de una familia joven.

Antes de la restauración, el edificio había sido objetivo de varias intervenciones fallidas y se había deteriorado considerablemente con el tiempo. Sin embargo, había mucho que podía ser rescatado. Empezamos por la demolición de algunas zonas adyacentes de la casa y el trabajo para preservar la mayor parte de la planta baja intacta. Luego, se procedió a intervenir el edificio de manera quirúrgica para dar paso al nuevo programa.

El nuevo proyecto organiza el programa de la casa para girar en torno a dos áreas centrales: una doble altura como vestíbulo por la entrada y una terraza en la parte trasera de la casa. El primero se ha conservado en su estado original y se designó como un espacio de transición abierta, poblado por una serie de esculturas de madera; éste último tuvo que ser creado para proporcionar un espacio amplio y flexible para que la familia se reúna en distintos momentos del día.

La intervención favorece la comodidad, durabilidad y habitabilidad sobre la expresión arquitectónica de vanguardia. A lo largo de la casa, el espacio respira modestamente a través de líneas limpias y poca obstrucción.

La materialidad de la casa tuvo un rol de suma importancia en la intervención. Colocamos madera en diversos formatos, colores y texturas, vistiendo muchas de las superficies de la casa para brindar calidez y suavidad allí donde se necesita. Utilizamos piedra en diversas formas, tamaños y acabados para armonizar con los pisos de mármol existentes, los cuales preservamos lo mejor que pudimos.

El diseño de la envolvente de la casa responde a la orientación y al confort climático. Pantallas de madera operables se deslizan entre las ventanas y celosías para poder limitar la luz que entra a los espacios del oriente y del poniente.

0—
5m—

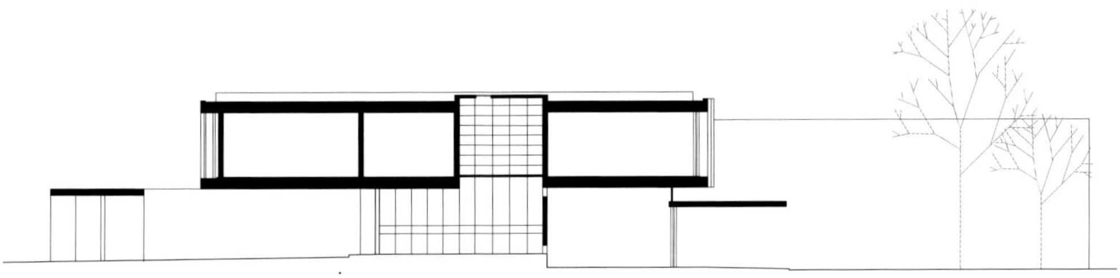

Sección Section

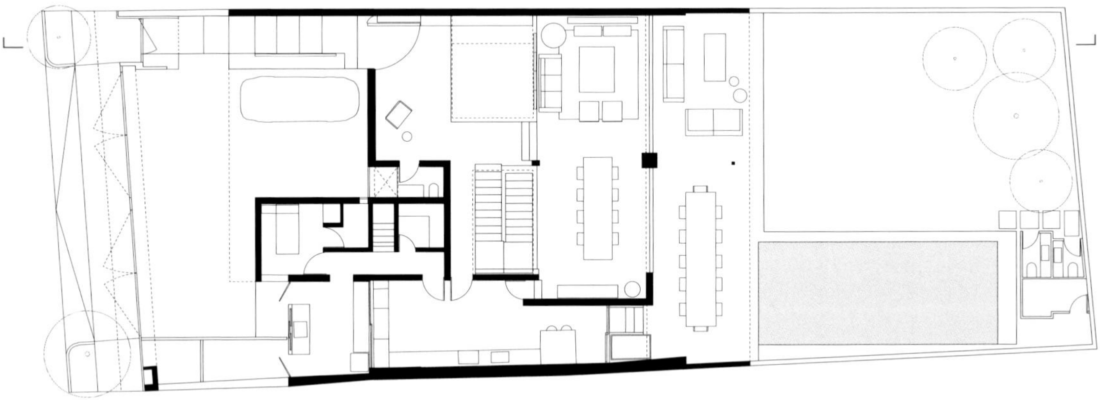

Planta baja Ground floor plan

Planta alta Upper floor plan

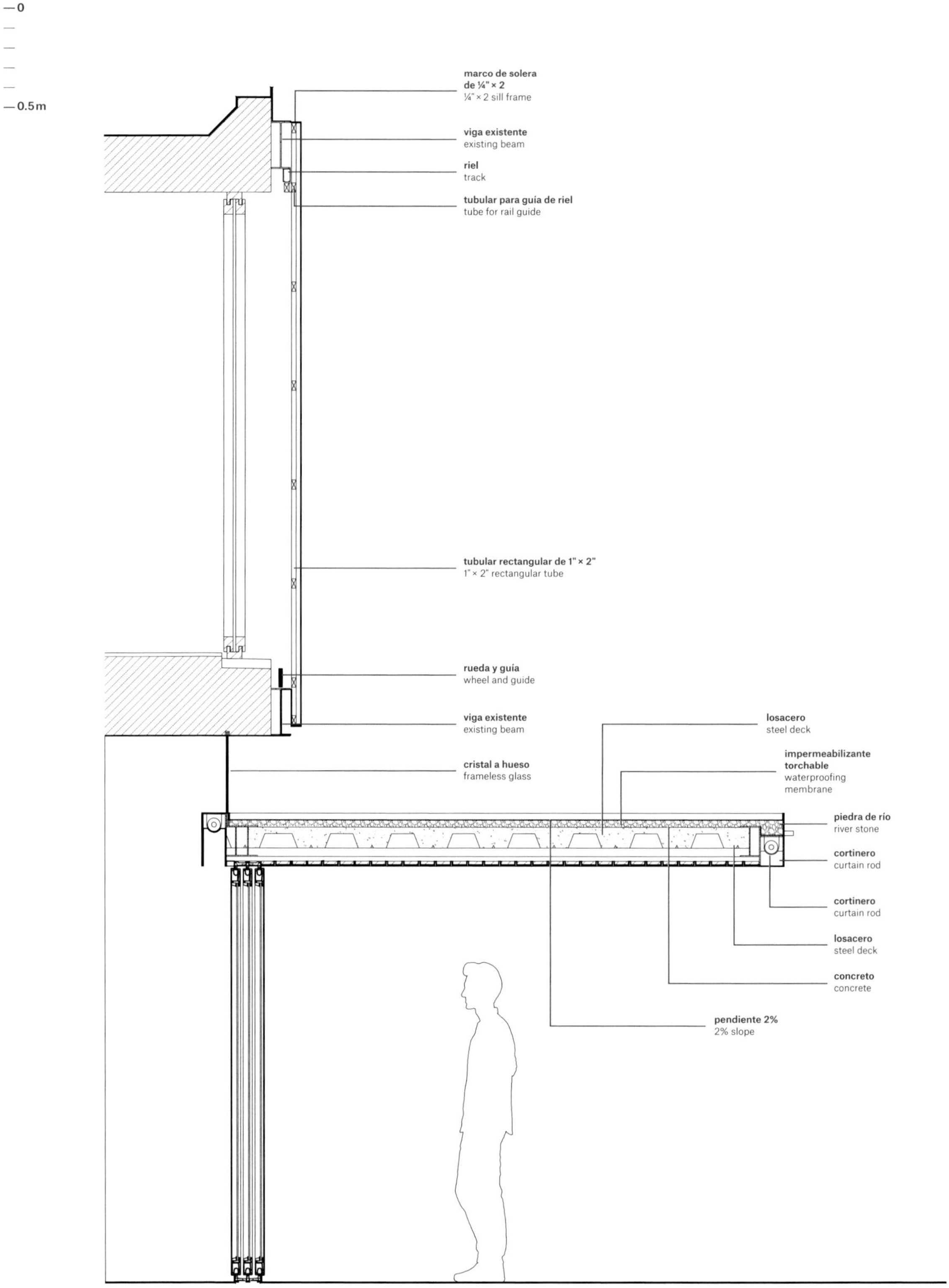

Sección por fachada Façade section

Located in a residential area of Guadalajara, RO House is the result of a meticulous restoration project. The original, International Style building dates back to the 1960s and displayed all of the aesthetic qualities of the architecture of its time: its right-angled geometry, straightforward distribution, openness to the outside, and construction materials partly informed the starting point for the difficult intervention process. The main challenge consisted in adapting the house's original shell sympathetically while meeting the needs of a young family.

Before we began our restoration, the building had been subject to various failed interventions and had become increasingly dilapidated. Even so, it still had many redeemable aspects. We began by demolishing some areas adjacent to the house and worked to maintain most of the ground floor intact. Then we pinpointed specific parts of the building to create the new program.

The new project's program revolves around two central areas: one double-height space as an entrance lobby, and a terrace to the rear of the property. We kept the lobby in its original state and made it an open-plan, transitional space displaying a series of wooden sculptures. This generously sized and flexible space was necessary for the family to gather at various times during the day.

The intervention gave greater priority to creating a comfortable, durable and livable space than to a cutting-edge architectural design. The entire house gives a sense of restraint with its clean lines and lack of clutter.

The materials used for the house were instrumental. We used wood in a variety of sizes, colors, and textures to clad many of the house's surfaces and create a feeling of warmth and softness where needed. We also used stone of various shapes, sizes and finishes to combine with the pre-existing marble floors, which we preserved as well as we could.

We designed the house's envelope in response to its orientation and to regulate the interior temperature—sliding wooden shutters between windows and brise-soleils filter the sunlight from the east and west.

CASA RO T

Tapalpa, Jalisco, México
2008

Una familia con un deseo de alejarse de la ciudad y aislarse del bullicio nos comisionó un refugio para pasar los fines de semana en Tapalpa, un pequeño pueblo en la Sierra Madre Occidental, cercano a Guadalajara.

El encargo exigía una casa de montaña que mantuviera un respeto por el entorno y un programa específico, pero lo más importante era que no fuera similar a las casas típicas de la zona. De este modo, se asumió una postura entendiendo que el respeto absoluto al entorno era primordial y que éste debía ser protagónico.

La casa es un elemento lineal que se inserta de manera perpendicular a la pendiente del terreno, enterrándose en uno de los extremos de la topografía para mimetizarse con el sitio, así como para proteger a la familia del exterior, simulando una caverna que busca darles cobijo durante la noche.

En el otro extremo del volumen se encuentra el área pública, un sitio más vulnerable, transparente y permeable. El área pública cuenta con la capacidad de abrirse casi en su totalidad para que el interior se convierta en exterior.

A family keen to move away from the bustle of the city commissioned us to design a weekend retreat in Tapalpa, a small town in the Sierra Madre Occidental, near Guadalajara.

The brief called for a mountain house in harmony with the local environment and with a specific program. Above all, the clients wanted something different to the typical style of the houses in the area. Working on this basis, the prime consideration was to be respectful of the surroundings, making the setting the most important element of our design.

The house itself is a linear construction oriented perpendicularly across the slope of the terrain, encrusted into the hill at one end in order to blend in while offering the family shelter from the elements, like a cave providing them shelter at night.

The public area—which is more exposed, transparent, and permeable—is located at the other end of the volume. It can be almost completely opened up to turn the interior space into an outdoor area.

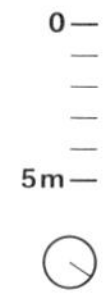

Planta de conjunto General plan

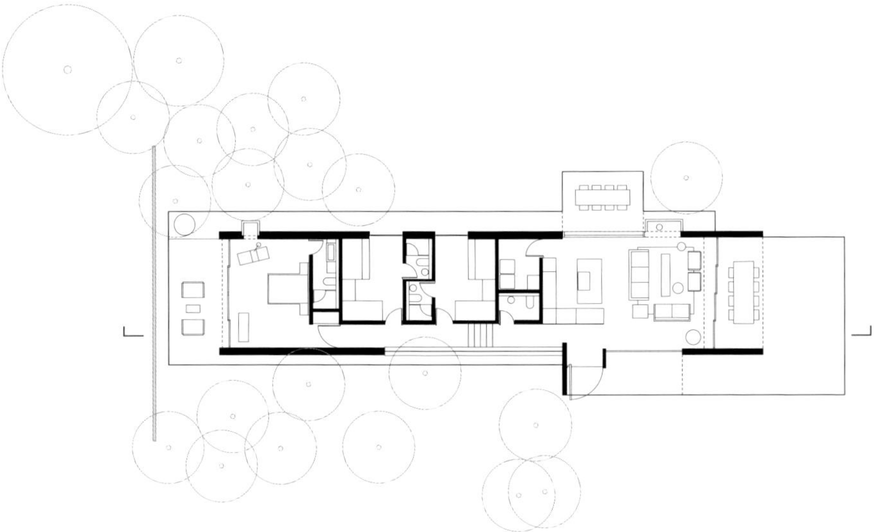

Planta Plan

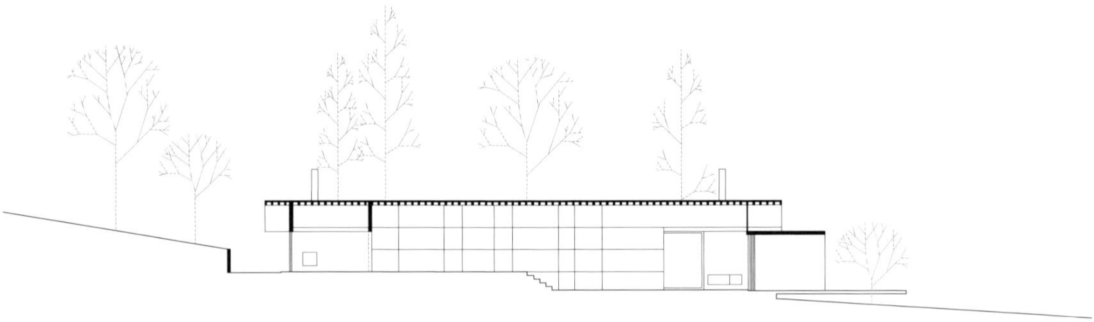

Sección Section

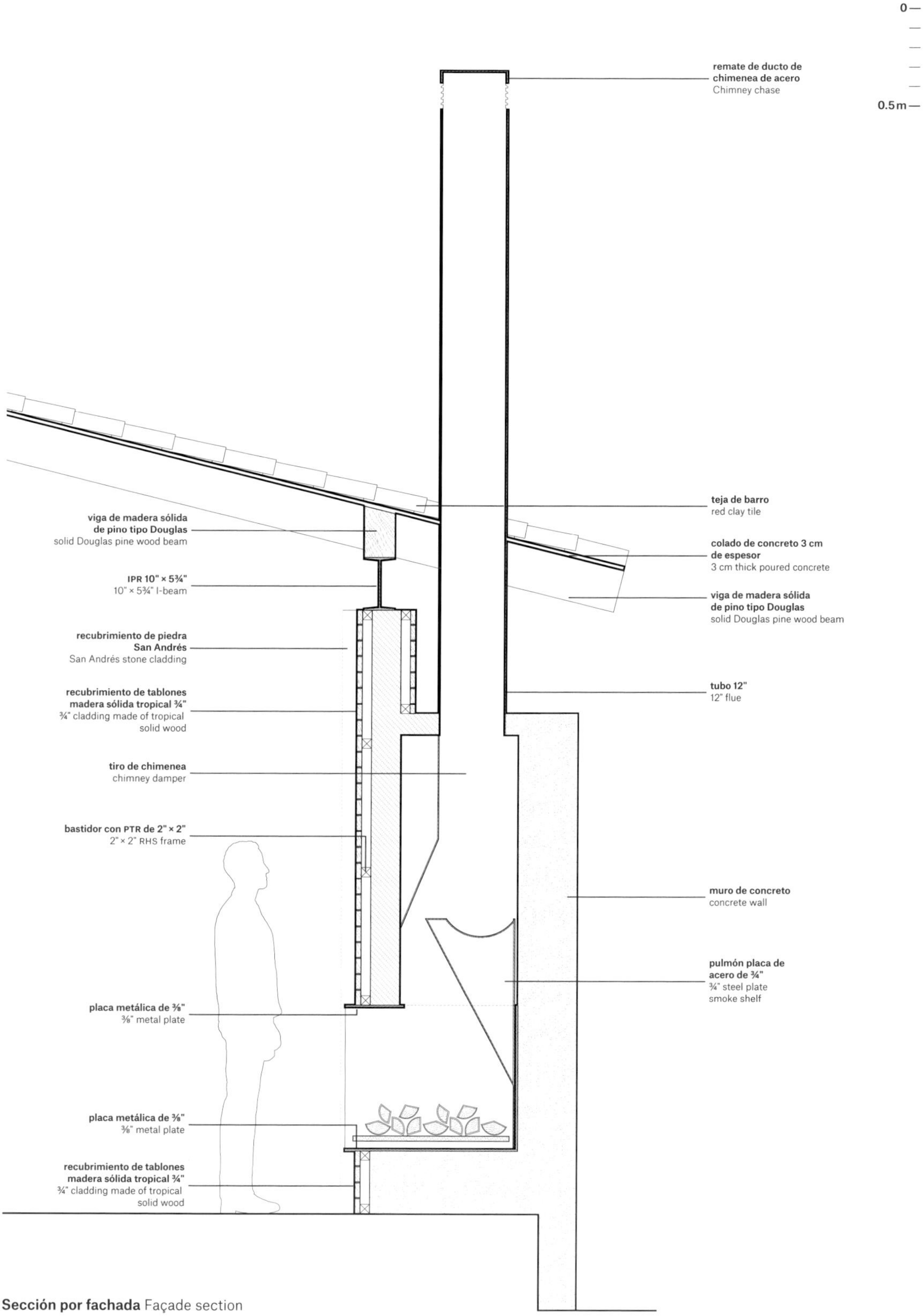

Sección por fachada Façade section

CASA SE

Zapopan, Jalisco, México
2013

La casa está ubicada en una de las zonas residenciales con más tradición del poniente de Guadalajara. El encargo consistía en dar forma a un programa sencillo para una familia de cuatro adultos.

La idea primordial detrás del proyecto fue la de crear espacios acogedores que mantuvieran un diálogo con el exterior a través de espacios privados. El programa se distribuye en dos plantas. El primer nivel engloba las áreas públicas y el segundo incluye una serie de terrazas que conviven con los espacios privados.

El ingreso a la casa se abre a un espacio exterior de transición que conecta con el vestíbulo de la casa, el cual remata con otra puerta que conduce a un estudio pequeño y devela la ruta de paso al espacio de convivencia de la casa, que se abre a través de un ventanal al jardín posterior.

La segunda planta recibe toda la luz y busca invitar al usuario a estar en el exterior en todo momento, desde que sube las escaleras y ve al cielo por un domo hasta cuando se resguarda en la habitación que se encuentra en uno de los patios exteriores.

SE House is located in one of the most traditional residential neighborhoods in the west of Guadalajara. The brief was for a simple program for a family of four adults.

The project's core design principle was to create welcoming areas in dialogue with the exterior through private spaces. The program has two levels: the ground floor has the public areas while the upper floor includes a series of terraces closely connected to the private areas.

The entrance to the house opens up to an exterior transitional space that connects with the lobby, which leads to another door onto a small studio and reveals the way to the house's public area, which has a large picture window opening onto the rear garden.

The second floor is a light-filled space and brings occupants into contact with the exterior from the moment they climb the stairs and see the sky through a dome and until they reach the bedroom, which has one of the exterior courtyards.

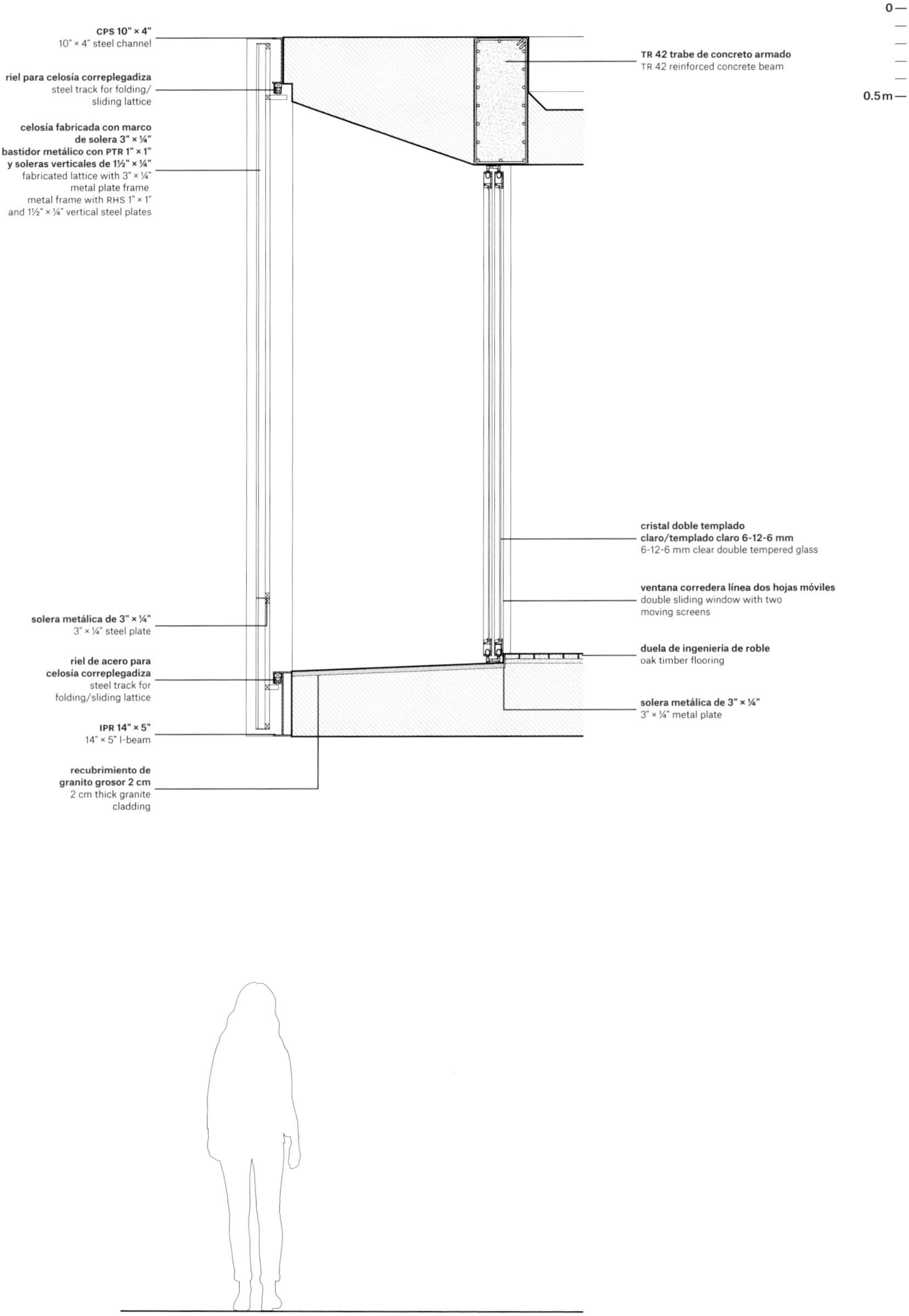

Sección por fachada Façade section

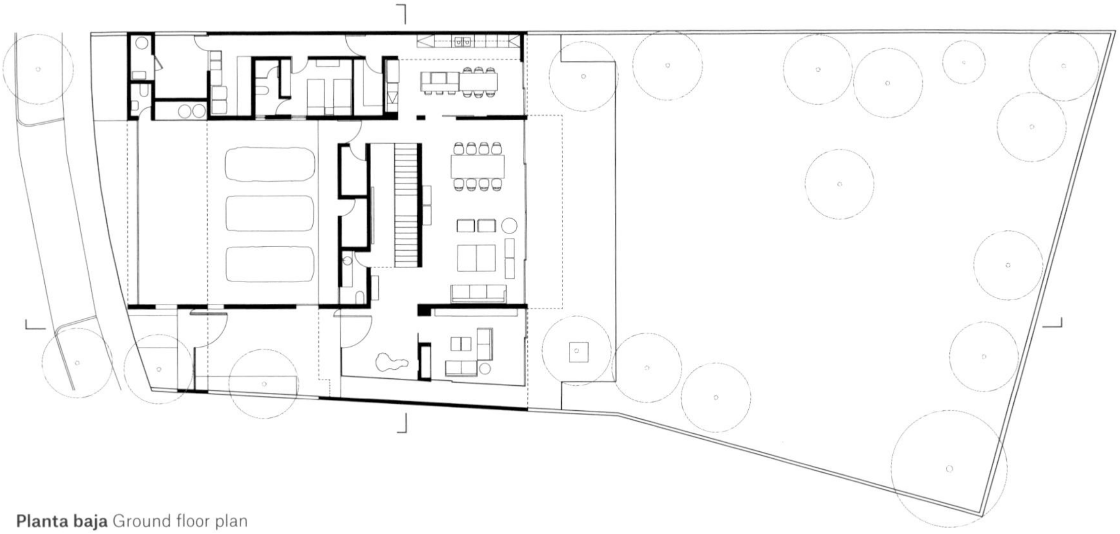

Planta baja Ground floor plan

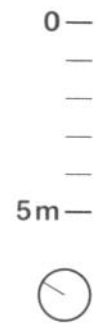

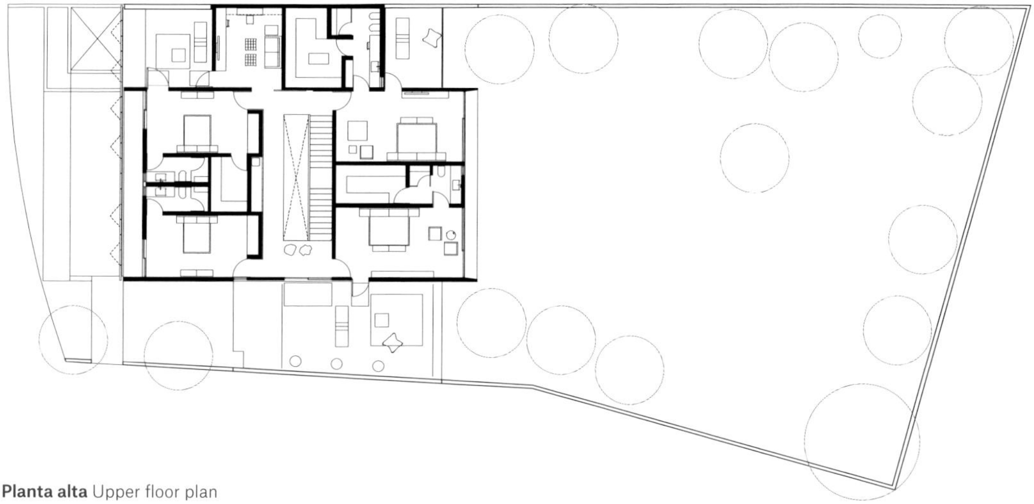

Planta alta Upper floor plan

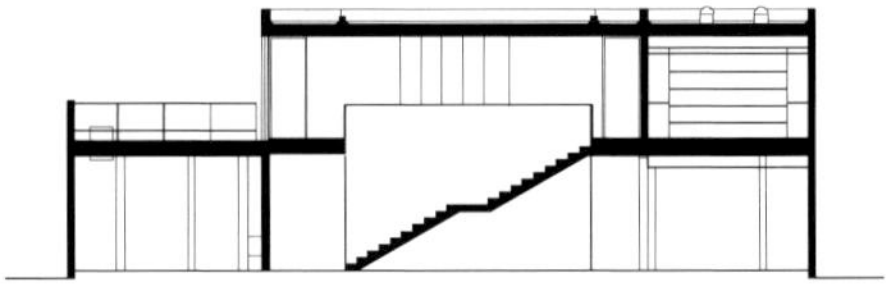

Sección transversal Transversal section

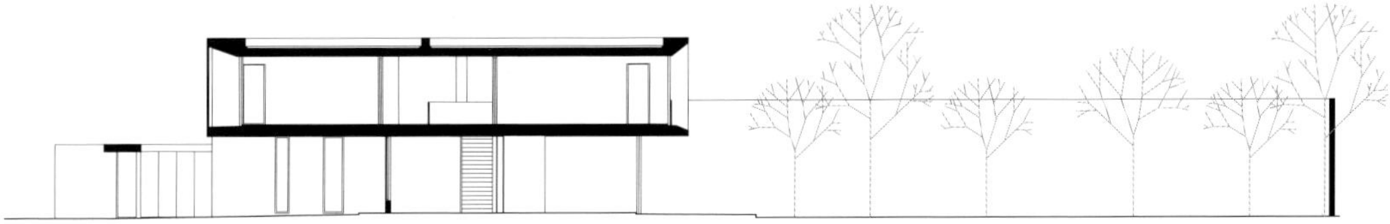

Sección longitudinal Longitudinal section

CASA TOC

Tapalpa, Jalisco, México
2008

Rodeada de bosque, la casa emerge entre las semisombras de pinos guardianes. La composición de la planta en L aloja, en uno de sus lados, los espacios de día, y en el otro, los espacios de noche. El vestíbulo de ingreso es la bisagra que une ambos ambientes. El área de día se abre a la terraza exterior multiplicando su espacio, mientras que el área de noche guarda su intimidad abriéndose al exterior por un vestíbulo angosto donde cuelga, como si fuera un cuadro, una delgada y larga ventana horizontal que enmarca el paisaje.

La geometría dominante de los espacios es determinada principalmente por la cubierta, la cual se inclina en un solo sentido, a diferencia de la tradicional cubierta a dos aguas. Al optar por una sola inclinación se obtiene una mayor escala y mayor apertura a las vistas y, en su altura baja, el respaldo, cobijo y resguardo necesario. De este modo, el espacio asciende y desciende guiado por el techado, como las alas de una gran ave en vuelo, dando el ritmo preponderante de la construcción.

La personalidad de la casa está definida en buena medida por el modo de usar los materiales regionales que integran lo local a un esquema de distribución contemporáneo. Evitamos la tentación de repetir soluciones formales ya probadas hasta el cansancio, aquellas que nos dejan la sensación de colapso, de no progreso, de tiempo congelado. Se diría, en palabras de Herbert Read, que "la idea, al convertirse en masa material, es transformada por el pulso humano, por las vibraciones que surgen del corazón y que están controladas por los nervios de un ser vivo y creador." Así, esta nueva estética que reinterpreta la memoria vernácula de la piedra y la madera recrea, en una arquitectura actual, las raíces que nacieron en su propio suelo.

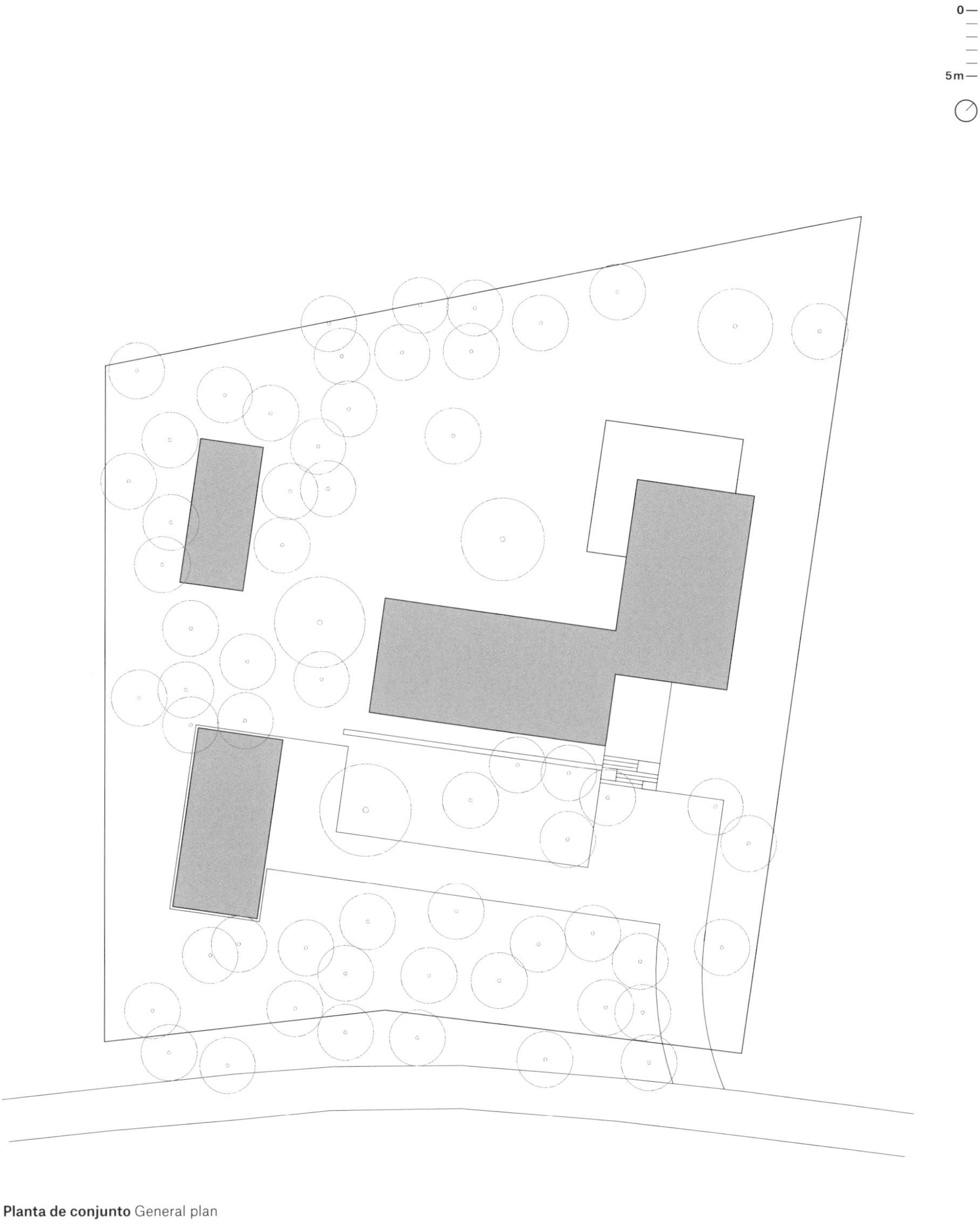

Planta de conjunto General plan

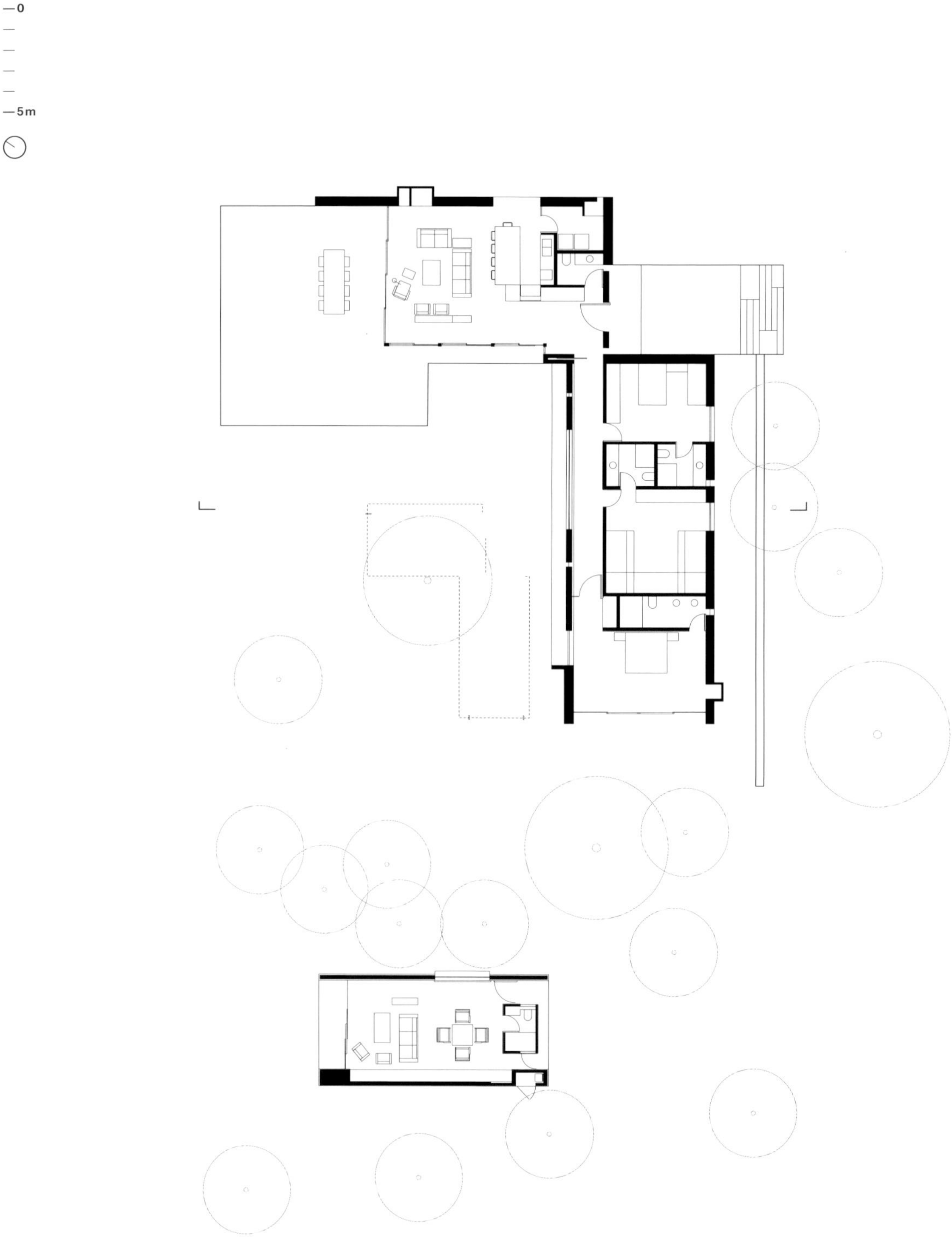

Planta Plan

Surrounded by woods, pine trees provide partial shade for this unique house. The L-shaped layout has the daytime spaces on one of its sides, and nighttime spaces on the other. The entrance lobby is the interface between these two areas. The daytime area opens up to the outside terrace to expand the space, while the nighttime area is cosy, opening up to the outside through a narrow lobby featuring a long, thin, horizontal window that frames the landscape and hangs as if it were a picture.

Instead of a traditional gabled design, the single-pitched roof establishes the dominant geometry for the interior spaces. This design increases the scale and views under the higher section, while the lower part offers greater intimacy. As such, the roof determines the oscillations in height, like the wings of a large bird in flight, and gives the construction its overall rhythm.

Local materials largely define the house's core personality by integrating the regional flavor as part of a more contemporary distribution and aesthetic. We have avoided the temptation to repeat formal solutions already used ad infinitum and that leave us with the sense of collapse rather than progress, and of stagnation. In Herbert Read's words, the idea, upon becoming matter, is transformed by the human pulse, the vibrations that emanate from the heart and are controlled by the nerves of a living, creative being. Therefore, this new aesthetic that reinterprets the vernacular memory of stone and wood recreates in current architecture the roots emerging from the local soil.

—0

—5m

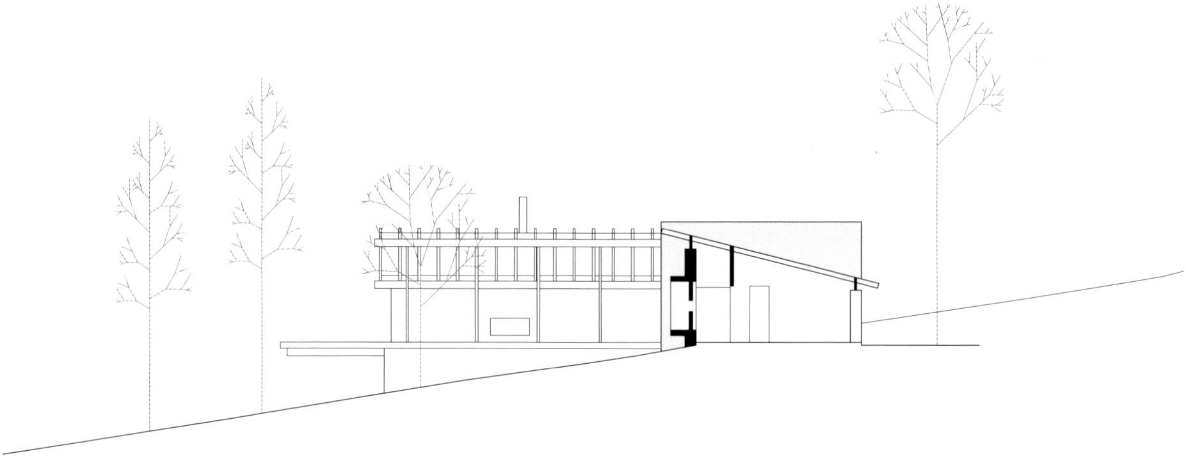

Sección Section

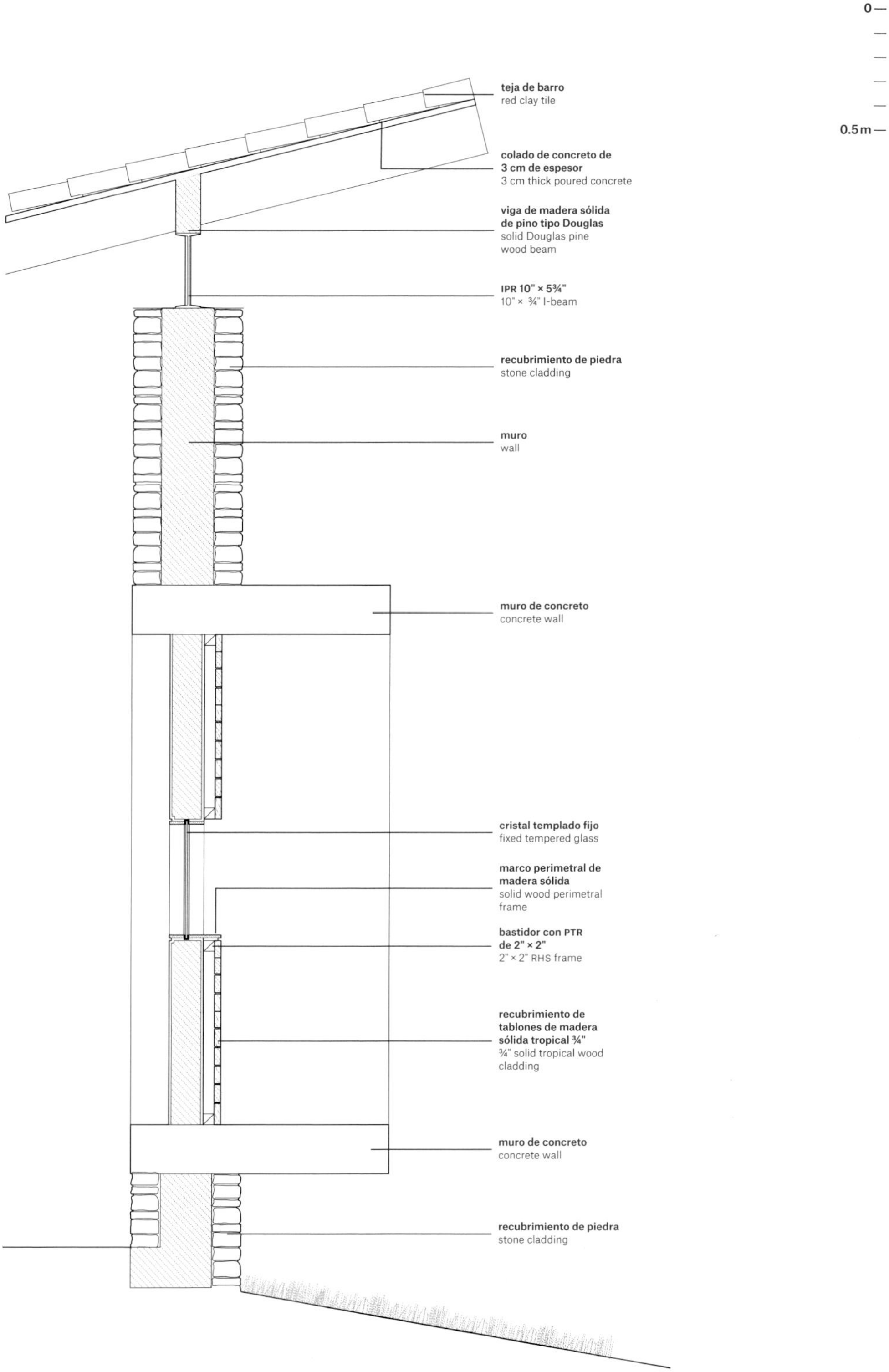

Sección por fachada Façade section

LOMA CHAPALITA

TRADICIONAL CONGELADO
Prepago® Movistar Ilimitado
Minutos a cualquier compañía
de México, Estados Unidos
y Canadá.
movistar
Compartida, la vida es más.
IMPULSORA DE MUEBLES

s1

Guadalajara, Jalisco, México
2012

Este proyecto se ubica en una de las avenidas más emblemáticas de Guadalajara, cerca de un hito urbano en el corazón de un área cosmopolita. El edificio aloja seis pisos de oficinas que están a la venta, así como locales comerciales. Los pisos de oficinas tienen la posibilidad de dividirse en cuatro espacios más pequeños, dando al edificio una cualidad dinámica y variable de hasta 24 diferentes espacios para oficina.

La propuesta de diseño genera un edificio con líneas francas y una fachada que cambia constantemente. Las oficinas aparecen como un bloque translúcido que flota sobre un basamento de cristal, el cual aloja a los espacios comerciales. Los niveles de oficinas están recubiertos por una doble piel que funciona para control de asoleamiento y ventilación, buscando aprovechar al máximo el clima templado de la ciudad. La piel interior está conformada por ventanas corredizas de piso a techo, mientras que la piel exterior está conformada por una celosía de paneles verticales de aluminio perforado, los cuales pueden ser rotados libremente para controlar la incidencia solar en los espacios. El movimiento de estos paneles da al edificio un componente dinámico donde la fachada estará en constante cambio para responder a necesidades específicas de asoleamiento y ventilación.

Located on one of Guadalajara's most iconic avenues, near a landmark in the heart of a cosmopolitan area. The building has six floors of offices for sale as well as stores. The office floors are divisible into four smaller spaces, giving the building a dynamic and flexible quality with up to 24 different office areas.

The design proposal creates a building with clear lines and a constantly shifting façade. The office block is translucent and floats above a glass base thanks to the floor-to-ceiling picture windows that surround the ground-floor stores. The office floors have two skins that provide shelter from the sun and natural ventilation to make the most of the city's temperate climate. The inner envelope is created by sliding, floor-to-ceiling windows. The exterior envelope is a lattice of vertical, translucent, perforated-aluminum panels that can be easily rotated to regulate solar gain. These movable panels give the building its dynamism, with a constantly changing façade adapting to the specific needs for ventilation and protection from direct sunlight.

Planta de sitio Site plan

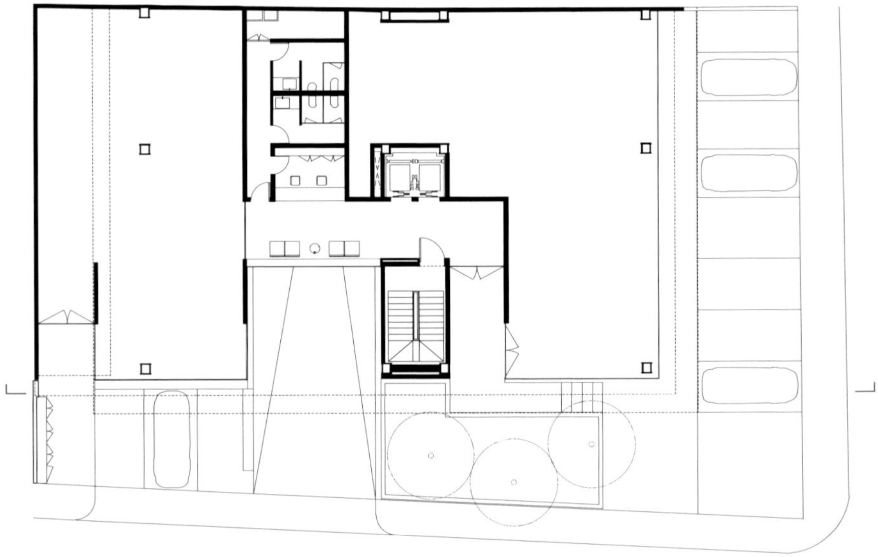

Planta baja Ground floor plan

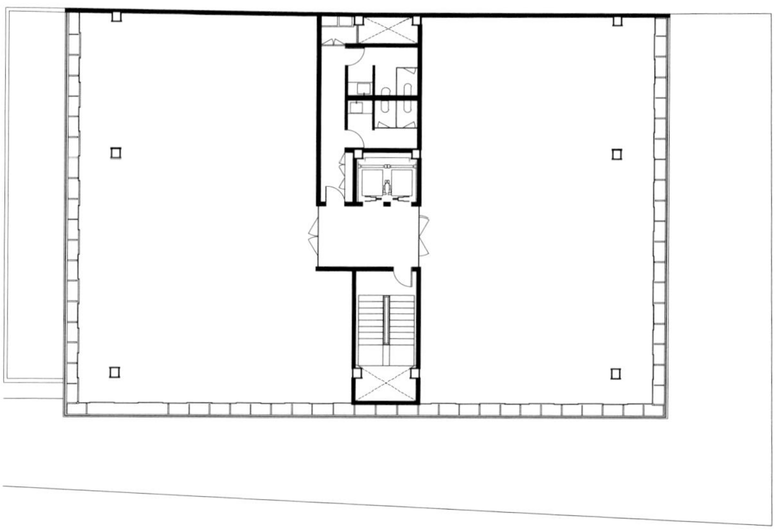

Planta tipo Typical floor plan

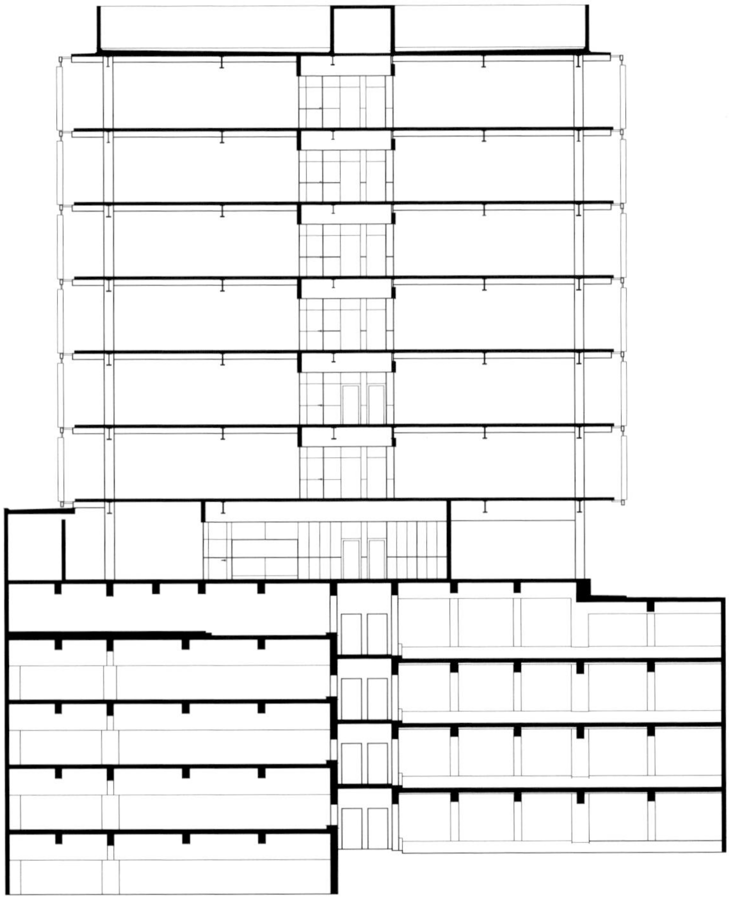

Sección Section

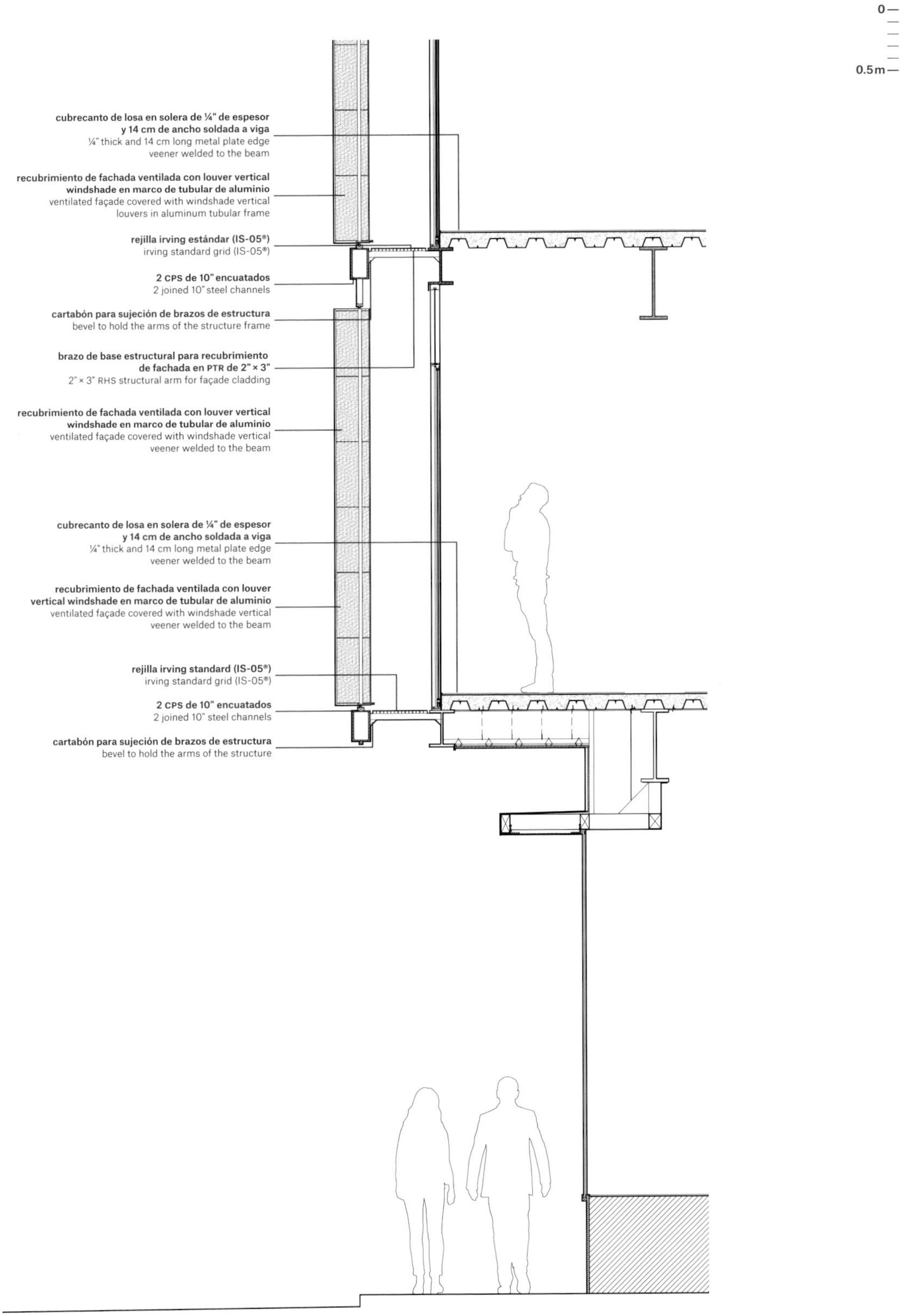

Sección por fachada Façade section

LOMA GUADALUPE

CENADURÍA
La Estancia

Zapopan, Jalisco, México
2015

Loma Guadalupe se localiza en una de las avenidas más importantes de Guadalajara. Los valores primordiales de su concepción fueron la funcionalidad y privacidad.

El edificio se eleva medio nivel para acomodar dos plantas de estacionamiento, dotándole una perspectiva más amplia desde la calle y mejores vistas a los departamentos del primer nivel. En el plano horizontal, el edificio se articula en tres zonas. Cada una alberga un tipo de departamento distinto, esquema que se repite en el sentido vertical a excepción del último piso, que cuenta con dos estudios y un gimnasio.

La orientación y la disposición de sus espacios permiten aprovechar al máximo la iluminación y ventilación natural, gozando a la par de vistas excepcionales. Asimismo, la implementación de un patio central, elemento característico de la arquitectura de nuestro país, permite que estos beneficios se extiendan a todos los espacios de la torre.

La distribución de los departamentos delimita el área de dormitorios de las áreas comunes y centraliza las instalaciones, lo cual permite maximizar la relación de los espacios habitables con el exterior. Balcones y celosías de herrería generan una capa permeable y se superponen en las fachadas principales para amplificar los espacios y proteger las vistas. Éstos, junto al vestíbulo y los patios, generan un alto nivel de intimidad a cada uno de los departamentos y no tienen espacios residuales o desfavorecidos.

Loma Guadalupe is located on one of the most important roads in Guadalajara. Functionality and privacy lie at the core of its design.

The building is raised half a level to accommodate two parking levels, providing more expansive panoramic views for the apartments on the first story. Horizontally, the building consists of three areas: each one contains a different apartment, and this pattern is repeated on the vertical axis, apart from the top floor, which contains two studios and a gym.

The spaces' orientation and layout maximize natural ventilation and lighting, a quality found throughout the apartment tower by using a central courtyard—a typical architectural feature in Mexico.

The distribution of the apartments defines the bedroom area from the communal areas and centralizes the installations, benefitting as much as possible from the connection of the living areas with the outside. Ironwork lattices and balconies create a permeable layer, superimposed over the main façades to expand the spaces and not obstruct the views. These elements, the lobby and patios create intimacy in each apartment, without leaving unused or compromised spaces.

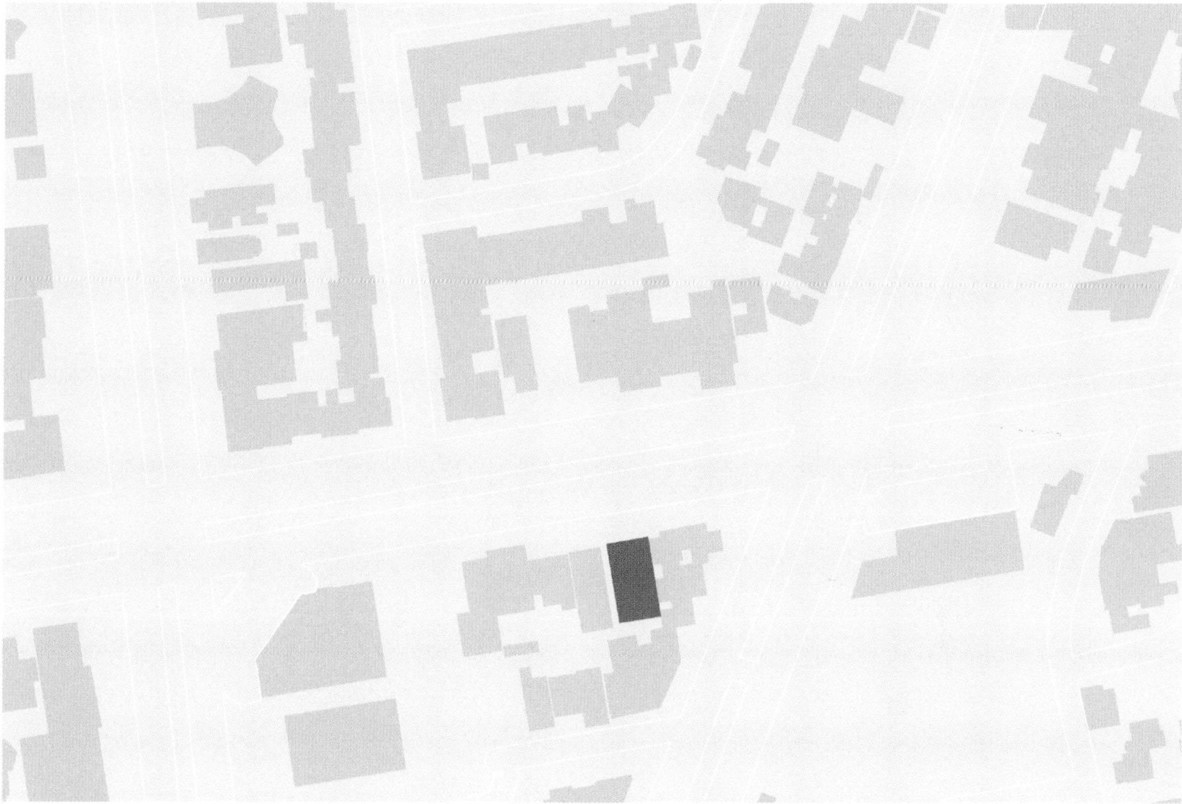

Planta de sitio Site plan

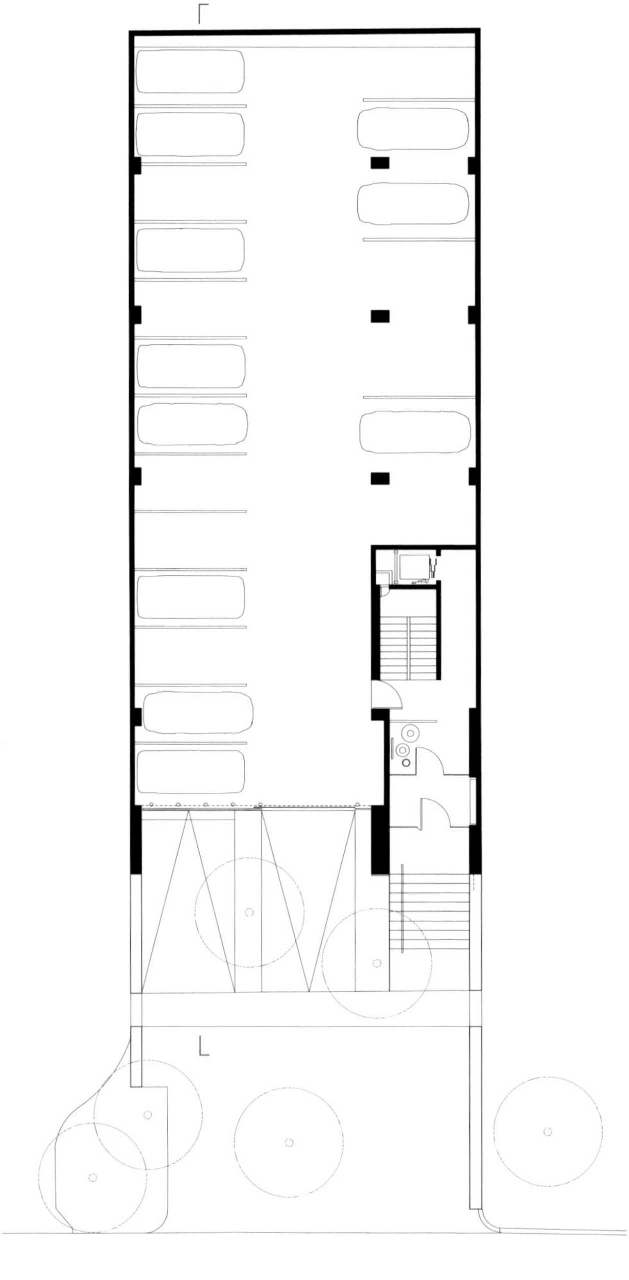

Planta baja Ground floor plan

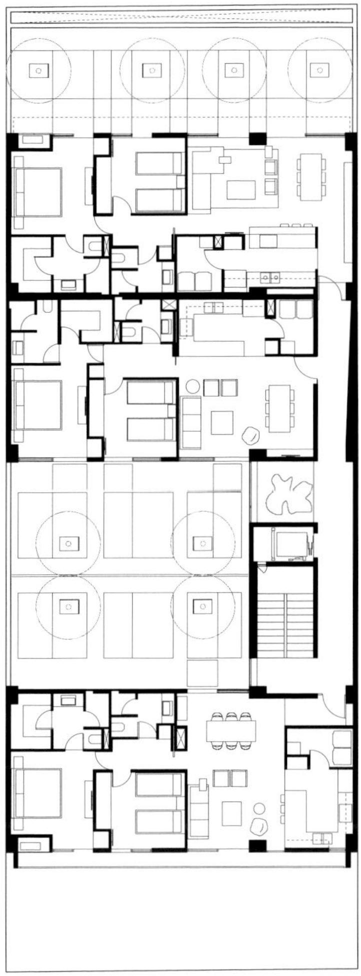

Planta nivel 1 Level 1 plan

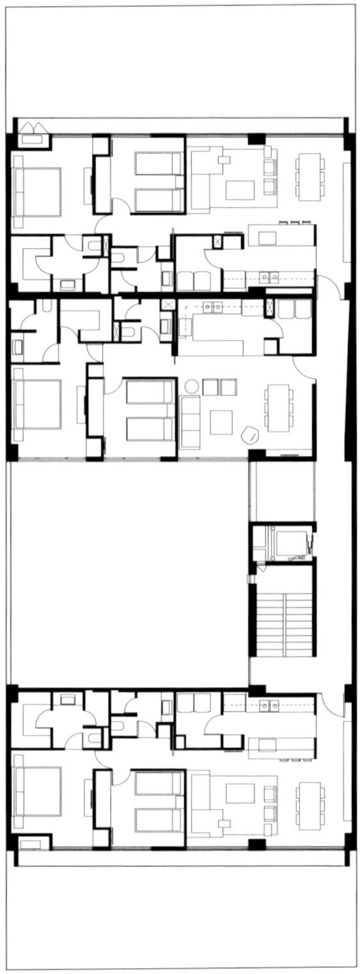

Planta nivel 2 Level 2 plan

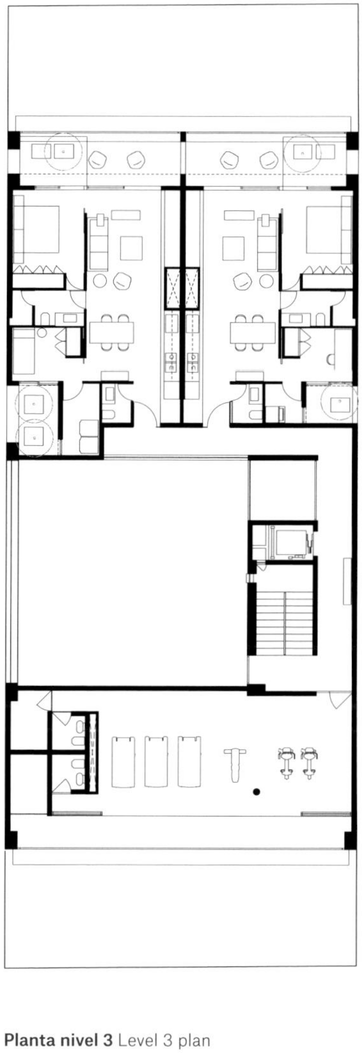

Planta nivel 3 Level 3 plan

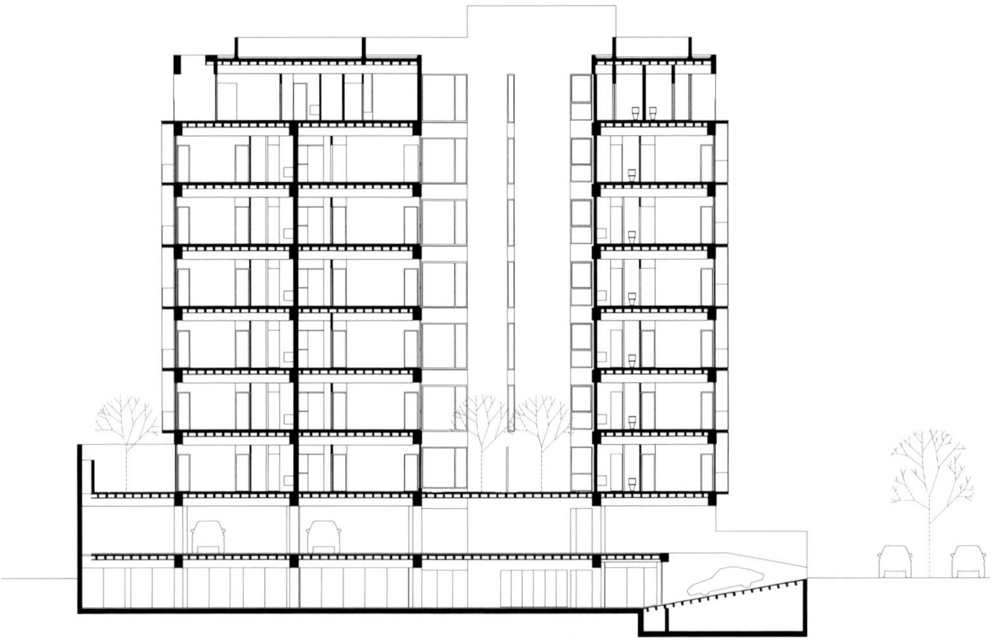

Sección Section

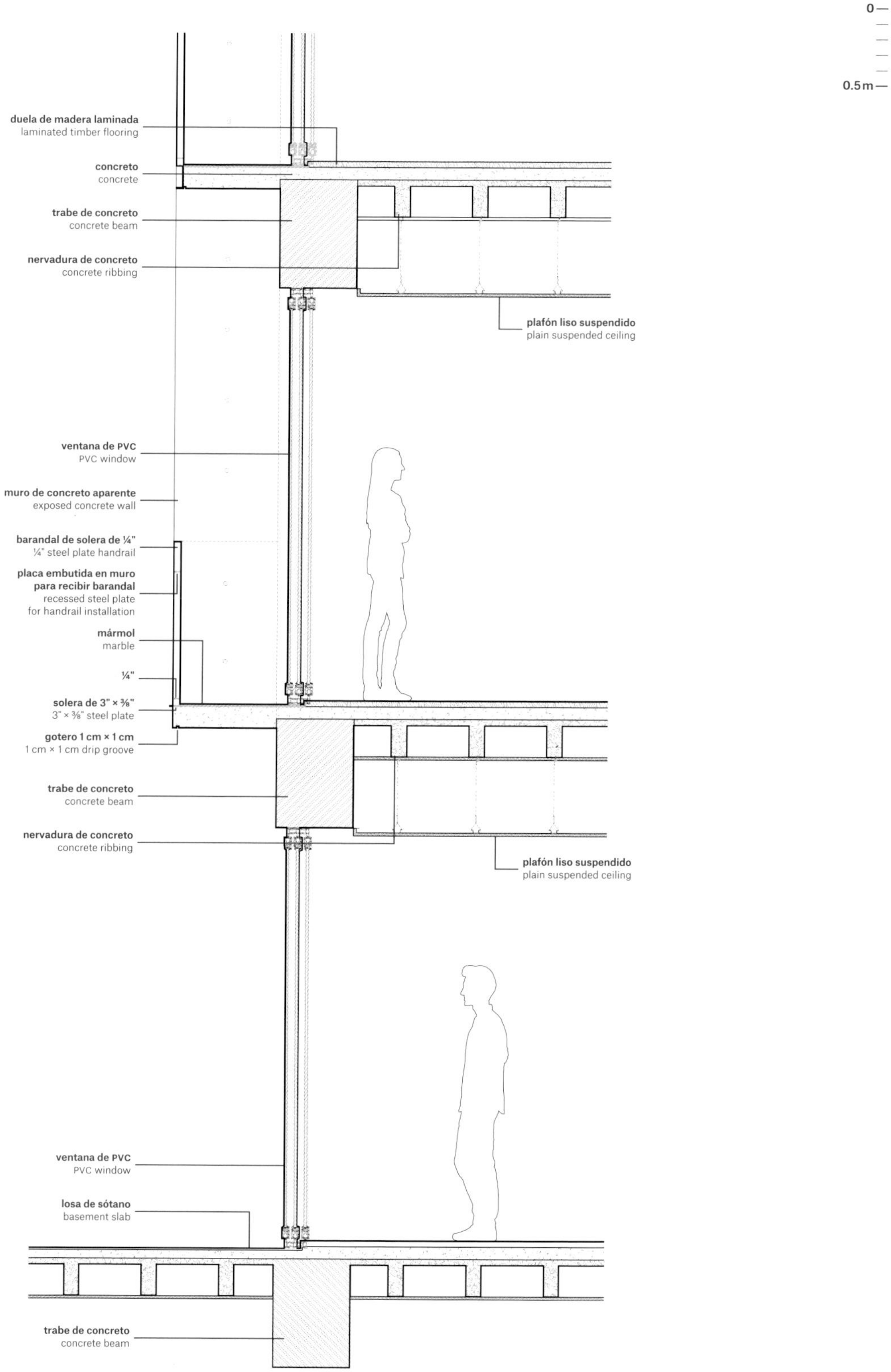

Sección por fachada Façade section

FRATER NERUDA

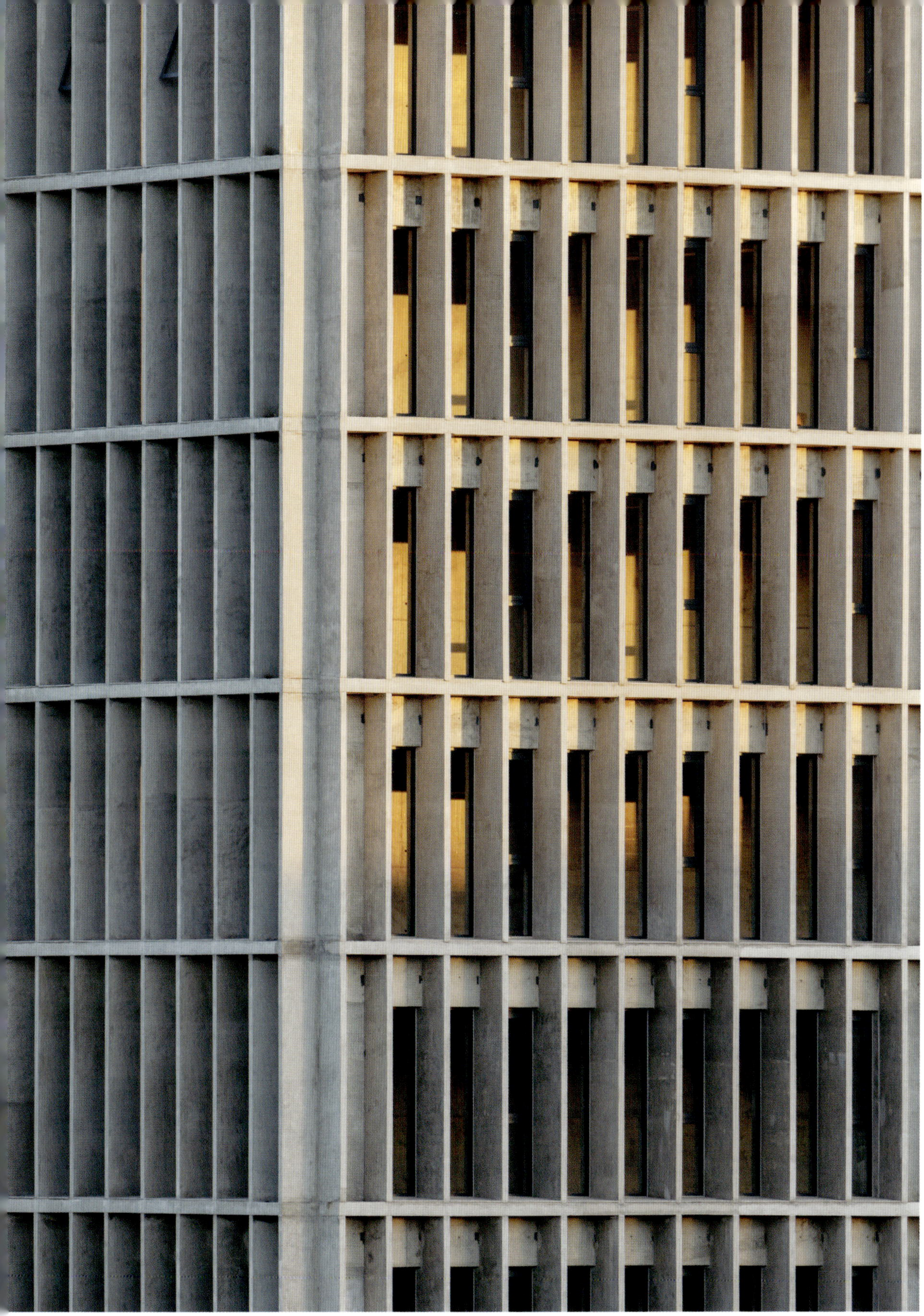

Guadalajara, Jalisco, México
2020

Ubicado en una de las zonas financieras más importantes de Guadalajara, el cliente nos hizo el encargo de proyectar un edificio de oficinas para renta.

Se debía diseñar un edifico atemporal que envejeciera dignamente y que contribuyera a la ciudad. Es por esto que el proyecto se remete en el terreno creando una plaza entre la calle y el edificio, la cual se ve interrumpida por una escalinata que lleva a un pórtico de doble altura, donde se aloja una escultura de Manuel Felguérez y una banca. El pórtico se vuelve la sombra que abraza al visitante y lo invita a detenerse un momento para después seguir con su recorrido.

Buscábamos crear espacios interiores diáfanos al tiempo que estuvieran protegidos por el sol, por lo que una serie de cartelas de concreto aparecen en toda la fachada, con las que se crean aperturas que restringen la vista del exterior al interior pero que enmarcan las vistas del interior hacia la ciudad.

Esta fachada de cartelas es un elemento siempre cambiante, ya que genera diferentes juegos de sombras de acuerdo al posicionamiento del sol y la perspectiva desde la cual se vea el edificio. Un edificio más opaco o más transparente, gris durante el día y de tonos ocres durante el atardecer.

For this project, our client commissioned us to design a building with offices for lease in one of Guadalajara's most important financial districts.

The brief was for a timeless building that would age with dignity and contribute to the city. The setback creates a plaza between the street and the building, and this open space is interrupted by a staircase that leads to a double-height portico containing a Manuel Felguérez sculpture and a bench. The portico provides shade for visitors, inviting them to pause before continuing along their way.

We aimed to create diaphanous interiors sheltered from sunlight; a series of concrete louvers run across the entire façade, which create openings to provide privacy from the outside while framing panoramic views onto the city from the interior.

This façade made of louvers is a constantly shifting element that creates interplays of shadows depending on the sun's position and the viewers' perspective of the building: it is more opaque or more transparent, gray during the day and taking on an ocher hue at sunset.

0—

50m—

Planta de sitio Site plan

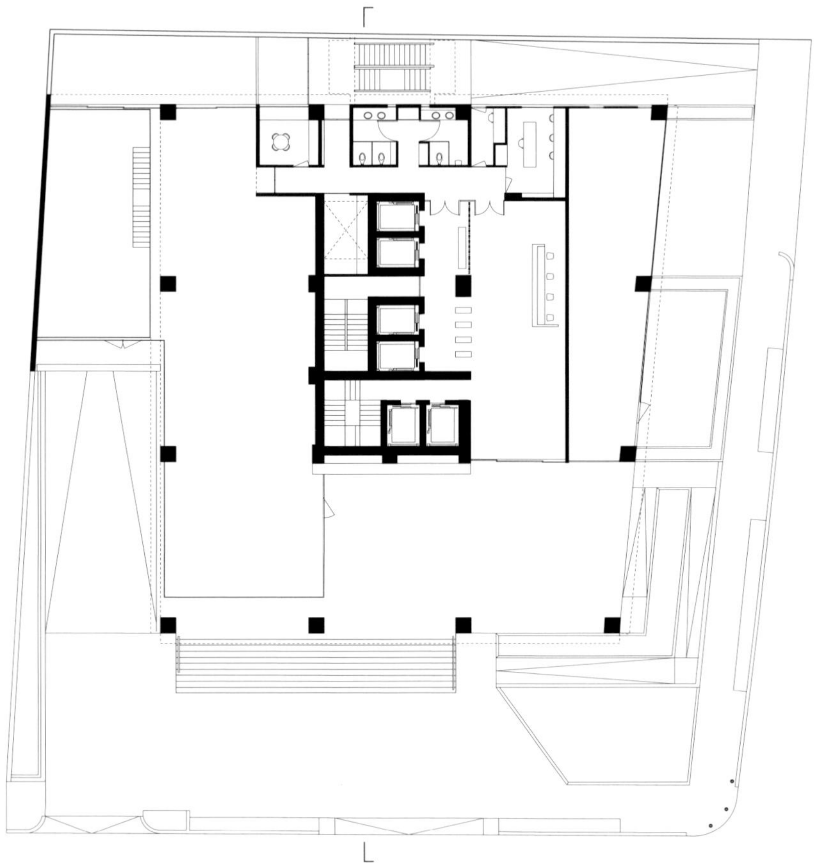

Planta baja Ground floor plan

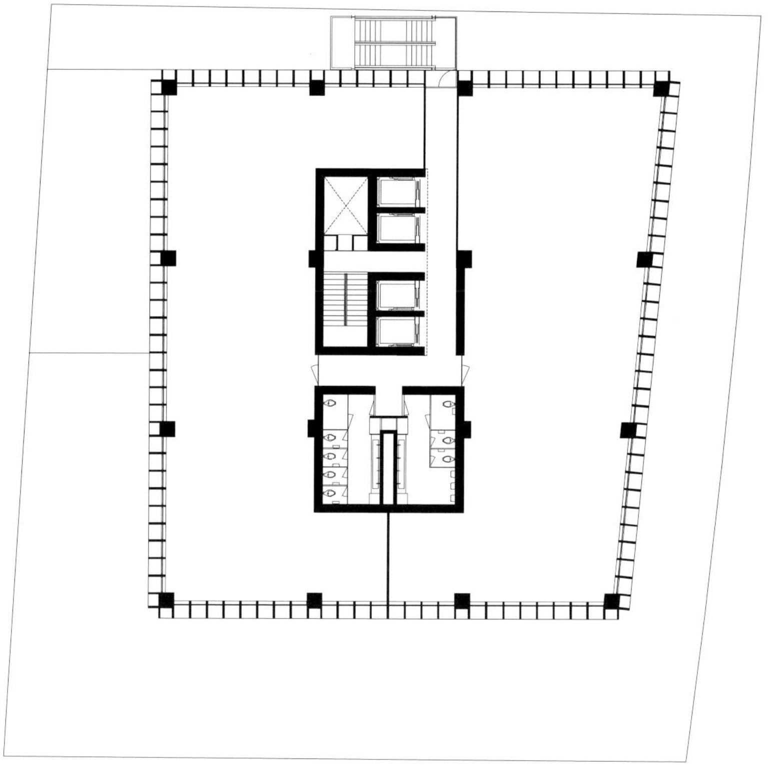

Planta nivel 1 Level 1 plan

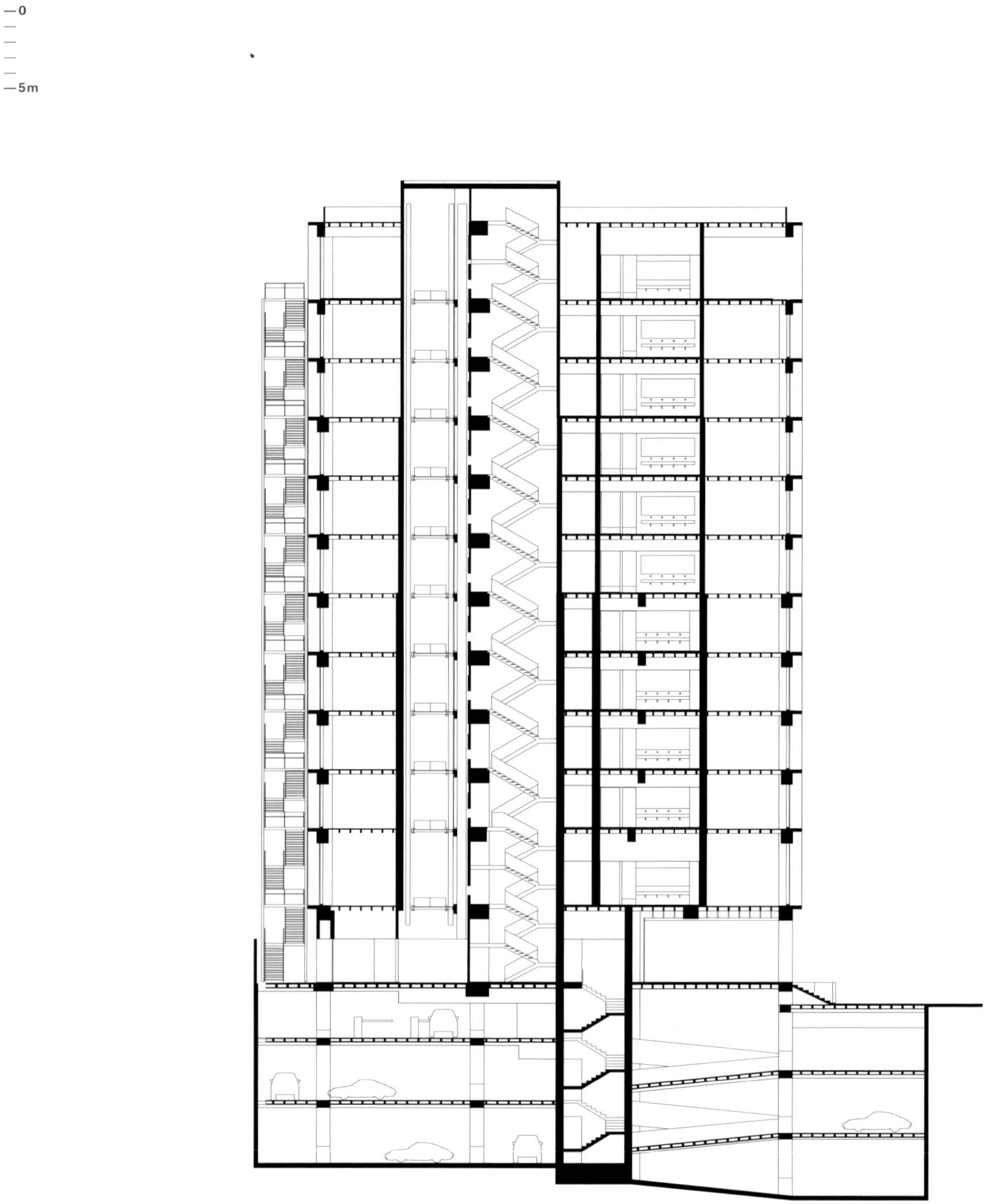

Sección Section

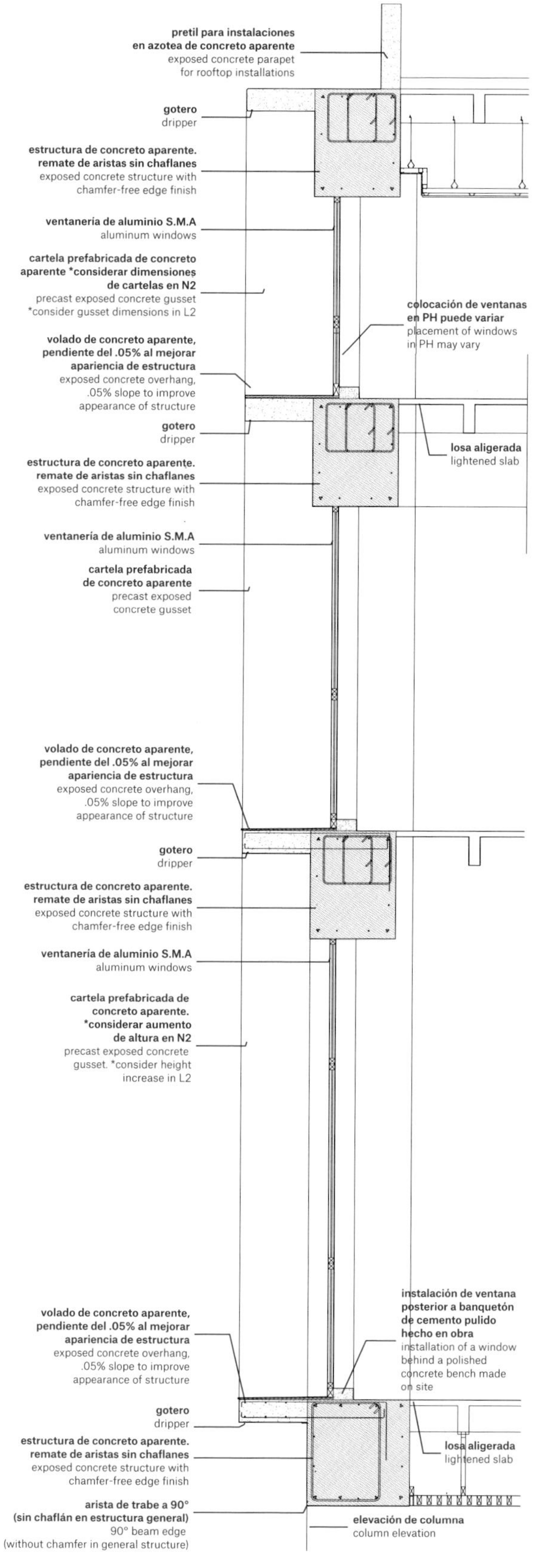

Sección por fachada
Façade section

ANEXOS / ANNEXES

ELÍAS RIZO ARQUITECTOS

Elías Rizo Arquitectos fue fundado en 1996 en Guadalajara, México, por Elías Rizo. Desde entonces el taller ha realizado proyectos de diferentes tipologías: residenciales, comerciales, corporativos, hospitalarios y proyectos urbanos, entre otras. El despacho tiene obra construida en México, Estados Unidos y Europa.

Su obra ha recibido numerosos reconocimientos nacionales e internacionales y ha sido exhibida en las bienales de Venecia y Quito, así como en Budapest, Vicenza, entre otros. El despacho fue seleccionado como uno de los "21 jóvenes arquitectos mexicanos" para la muestra homónima en el Palacio de Bellas Artes, en la Ciudad de México.

En 2003 se unió al taller Alejandro Rizo y en 2020, Elías Rizo Oroz.

Los que formamos parte de este taller procedemos de educaciones diversas y tenemos aptitudes y limitaciones varias; sin embargo, tenemos claro que pertenecemos y provocamos cultura de nuestro momento y contexto. A su vez, creemos que nuestro trabajo es una pequeña contribución más —constante e inevitable— a la fisonomía de los sitios donde intervenimos. Nuestro compromiso es con el que habita: con el que se introduce al espacio y lo hace suyo. Con el que vive lo bello y lo siniestro de la arquitectura.

Elías Rizo Arquitectos is a Guadalajara-based architecture studio founded by Elías Rizo in 1996. Its projects span a wide range of typologies, including residential properties, office buildings, commercial premises, hospitals, and urban developments, with built works in Mexico, the United States, and Europe.

The studio has received several national and international awards and its work has featured in architecture biennials in Venice and Quito and also been exhibited in cities such as Budapest and Vicenza. Elías Rizo was selected as one of the "21 young Mexican architects" for the homonymous exhibition held at the Palacio de Bellas Artes in Mexico City.

Alejandro Rizo joined the studio in 2003, followed by Elías Rizo Oroz in 2020.

The team has a wide range of educational backgrounds and different skills and limitations; however, we share in the belief that we belong and contribute to the culture of our space and time. We are also confident that our work inevitably and consistently makes a modest contribution to the appearance of the sites where we work. We undertake a commitment to the users of our buildings, to those who enter the spaces and appropriate them. Our commitment is to those who experience the bright and dark sides of architecture.

ACERCA DE LOS AUTORES / ABOUT THE AUTHORS

JOSEP MARÍA MONTANER

(Barcelona, 1954) es doctor arquitecto, catedrático de Teoría e Historia de la Arquitectura de la Escuela de Arquitectura de Barcelona (ETSAB-UPC) y escritor. Ha impartido cursos y conferencias en ciudades de Europa, América y Asia. Es autor de más de cuarenta libros, entre ellos, *Sistemas arquitectónicos contemporáneos* (2008); *La modernidad superada. Ensayos sobre arquitectura contemporánea* (1997); *Arquitectura y política. Ensayos para mundos alternativos*, con Zaida Muxí (2011); *Del diagrama a las experiencias, hacia una arquitectura de la acción* (2014); y *La arquitectura de la vivienda colectiva. Políticas y proyectos en la ciudad contemporánea* (2015). Con Zaida Muxí dirigió el Máster Laboratorio de la vivienda sostenible del siglo XXI entre el 2004 y el 2014, y del 2015 al 2019 fue concejal de vivienda del Ayuntamiento de Barcelona.

(Barcelona, 1954) is a doctor in architecture, Professor of Theory and History of Architecture at the Escuela de Arquitectura de Barcelona (ETSAB-UPC), and writer. He has delivered courses and lectures in cities across Europe, the Americas and Asia. He is the author of over forty books, including *Sistemas arquitectónicos contemporáneos* (2008); *La modernidad superada. Ensayos sobre arquitectura contemporánea* (1997); *Arquitectura y política. Ensayos para mundos alternativos*, with Zaida Muxí (2011); *Del diagrama a las experiencias, hacia una arquitectura de la acción* (2014) and *La arquitectura de la vivienda colectiva. Políticas y proyectos en la ciudad contemporánea* (2015). Together with Zaida Muxí he led the Master's Sustainable Housing Laboratory for the 21st Century between 2004 and 2014, and in 2015–2019 he was housing councilor on Barcelona City Council.

MIQUEL ADRIÀ

(Barcelona, 1956) es arquitecto por la Escuela Técnica Superior de Arquitectura de Barcelona y Doctor en Arquitectura por la Universidad Europea de Madrid. En 1994 se trasladó a México, y desde entonces compagina práctica, docencia y crítica. Ha publicado más de treinta libros sobre arquitectura mexicana y latinoamericana. Es director de Arquine y del Festival de Arquitectura y Ciudad MEXTRÓPOLI. Es director de la Escuela de Arquitectura en CENTRO.

(Barcelona, 1956) graduated as an architect from the School of Architecture of Barcelona/UPC and holds a PhD from the Universidad Europea de Madrid. In 1994 he moved to Mexico, and since then combines practice, teaching and criticism. He has published more than thirty books on Mexican and Latin American architecture. He is the director of Arquine and the Festival of Architecture and City MEXTRÓPOLI. He is director of the School of Architecture at CENTRO.

ALEJANDRO GUERRERO GUTIÉRREZ

(Guadalajara, 1977) es arquitecto por el ITESO de Guadalajara y obtuvo el grado de Máster por la Universidad Politécnica de Cataluña en Barcelona. Su trabajo profesional, que comparte con Andrea Soto, ha sido reconocido con premios como el Emerging Voices otorgado por The Architectural League of New York, el Design Vanguard de la revista *Architectural Record*, nominado al premio Mies Crown Hall America's Prize Emerge del IIT y finalista en los premios AREA de *The Architectural Review*. Ha sido crítico invitado y conferencista en Harvard GSD. En 2021 publicó el libro *Arquitecturas del Fuego I* y *II*.

(Guadalajara, 1977) graduated as an architect from the ITESO, Guadalajara and holds a Masters from the Universidad Politécnica de Cataluña in Barcelona. His professional career together with Andrea Soto has won recognition, including the Emerging Voices award from The Architectural League of New York, the Design Vanguard award from *Architectural Record* magazine, a nomination for the MCHAP emerge award from the IIT, and finalist in the AREA prizes from *The Architectural Review*. He has been guest critic and speaker at the Harvard GSD. In 2021 he published the book *Arquitecturas del Fuego I* and *II*.

LORENA DARQUEA

(Ecuador, 1987) estudió arquitectura en el Instituto Tecnológico y de Estudios Superiores de Monterrey (ITESM) en el año 2010. Su interés por la fotografía la encaminó a realizar un programa Low Residency en el International Center of Photography (ICP) en Nueva York. El discurso que transmite en su obra manifiesta la importancia y los desafíos que significan involucrarse como mujer en el ámbito de la fotografía de arquitectura. Su carrera ha sido publicada en diversas revistas, entre las que destacan *T magazine - The New York Times*, *RIBA Journal*, *Architectural Digest*, entre otras; su trabajo ha sido expuesto en la Bienal de Venecia y en la BAL (Bienal de Arquitectura de Latinoamérica).

(Ecuador, 1987) graduated in architecture from the Instituto Tecnológico y de Estudios Superiores de Monterrey (ITESM) in 2010. Her interest in photography led her to take a Low Residency program at the International Center of Photography (ICP) in New York. The discourse expressed in her work addresses the significance and the challenges of being a woman in the field of architectural photography. Her work has been published in numerous journals including *T magazine - The New York Times*, *RIBA Journal*, *Architectural Digest* and has also been exhibited at the Venice Architecture Biennale and the BAL (Latin American Biennial of Architecture).

CRÉDITOS / CREDITS

CASA AP
2018
Zapopan, Jalisco, México
Construcción / Construction:
Grupo Constructor
y Promotor Industrial
Interiorismo / Interior Design:
Colectivo Sur / Karima Dipp

CASA BE
2019
Zapopan, Jalisco, México
Construcción / Construction:
Elías Rizo Arquitectos

CASA BS
2014
Tapalpa, Jalisco, México
Construcción / Construction:
Javier Ochoa Reyes
Interiorismo / Interior Design:
Colectivo Sur / Karima Dipp

CASA DSPR
2017
Zapopan, Jalisco, México
Construcción / Construction:
Elías Rizo Arquitectos

CASA GG
2015
Tapalpa, Jalisco, México
Construcción / Construction:
Elías Rizo Arquitectos

CASA GM
2019
Zapopan, Jalisco, México
Construcción / Construction:
Calca Constructora
Interiorismo / Interior Design:
MUMO Casa Creativa

CASA LA
2014
Guadalajara, Jalisco, México
Construcción / Construction:
Elías Rizo Arquitectos
Interiorismo / Interior Design:
Colectivo Sur / Karima Dipp

CASA LA PUNTA
2012
Punta Mita, Nayarit, México
Construcción / Construction:
Juan Cuevas
Colaboración e interiorismo /
Collaboration and Interior Design:
Colectivo Sur / Karima Dipp

CASA LM
2020
Tlajomulco de Zúñiga, Jalisco, México
Construcción / Construction:
Calca Constructora
Interiorismo / Interior Design:
Annette Alicia Gamboa Bazua

CASA MM
2014
Tapalpa, Jalisco, México
Construcción / Construction:
Planeación Integral Constructores
Interiorismo / Interior Design:
Colectivo Sur / Karima Dipp

CASA NS
2020
Zapopan, Jalisco, México
Construcción / Construction:
Elías Rizo Arquitectos
Interiorismo / Interior Design:
Colectivo Sur / Karima Dipp

CASA OVAL
2013
Zapopan, Jalisco, México
Construcción / Construction:
Calca Constructora

CASA RO G
2010
Guadalajara, Jalisco, México
Construcción / Construction:
Elías Rizo Arquitectos
Interiorismo / Interior Design:
Colectivo Sur / Karima Dipp,
Ana Laura Oroz

CASA RO T
2008
Tapalpa, Jalisco, México
Construcción / Construction:
Elías Rizo Arquitectos
Interiorismo / Interior Design:
Ana Laura Oroz

CASA SE
2013
Zapopan, Jalisco, México
Construcción / Construction:
Elías Rizo Arquitectos
Interiorismo / Interior Design:
Colectivo Sur / Karima Dipp

CASA TOC
2008
Tapalpa, Jalisco, México
Construcción / Construction:
Elías Rizo Arquitectos

LOMA CHAPALITA
2012
Guadalajara, Jalisco, México
Construcción / Construction:
Elías Rizo Arquitectos

LOMA GUADALUPE
2015
Guadalajara, Jalisco, México
Construcción / Construction:
Elías Rizo Arquitectos

FRATER NERUDA
2020
Guadalajara, Jalisco, México
Construcción / Construction: Project
Management de Guadalajara

EQUIPO / TEAM

Paola Hernández Acero
Rodrigo Ortega Vega
Daniela Valdez Robles
Diana Reséndiz Díaz
Héctor Guardado Mendoza
Carlos Miramontes De la Torre
Beatriz Casasola Ibarra
Alejandro Contreras Loreto
Héctor Peña González
Carlos Arias García
Edgar Vázquez Casillas
Katia Galaz Medel
Fernanda Moreno Álvarez
Fernanda Ochoa González
Lourdes Rodríguez Origel
María Fernanda Peña Zorrilla
Melisa Rodríguez Acosta
Andrés Osuna Velasco
Rodrigo Nava Sánchez
Camila Segura Fulda
Sofía Valenzuela Ochoa
María del Pilar Roel Echavarrieta
Alma Osnaya Merlos
Jennifer Camarena Curiel
Jennifer Mora Ríos
Roberto Contreras Loreto
Andrea Zúñiga Oroz
Gabriela Chávez García
Rigoberto González Camacho

AGRADECIMIENTOS / ACKNOWLEDGMENTS

Agradecemos a:

Nuestras familias, por su apoyo incondicional.

Nuestros clientes, por su amistad y confianza depositada en nuestro trabajo.

Las personas y las empresas que, con su valiosa colaboración y su amistad, hicieron posible la realización de este libro.

Nuestro equipo, ya que sin su incansable profesionalismo el trabajo del estudio no sería posible.

We would like to thank:

Our families, for their unconditional support.

Our clients, for their friendship and trust in our work.

All the individuals and companies whose invaluable collaboration and friendship have made this book possible.

All the members of our team, whose indefatigable professionalism is fundamental to the studio's achievements.

ELÍAS RIZO ARQUITECTOS

Primera edición / First Edition, 2021
ISBN 978-607-9489-80-9

Ámsterdam 163 A
Colonia Hipódromo, 06100
Ciudad de México
arquine.com

TEXTOS / TEXTS
© Miquel Adrià
© Alejandro Guerrero Gutiérrez
© Josep Maria Montaner
© Elías Rizo Arquitectos

FOTOGRAFÍA / PHOTOGRAPHY
Lorena Darquea, excepto / except:
© Marcos García: pp. 92–97, 100, 101, 103, 110–119, 133, 137, 160–162, 164–167, 169–171, 178–179, 181–189, 332-339
© Fernanda Leonel de Cervantes: p. 62
© Onnis Luque: pp. 52–55, 60, 61
© Elías Rizo Oroz: p. 216

DIRECCIÓN GENERAL / DIRECTOR
Miquel Adrià

DIRECCIÓN EDITORIAL / EDITORIAL DIRECTOR
Brenda Soto

ASISTENCIA EDITORIAL / EDITORIAL ASSISTANCE
Betina Rincón, Valeria Fuentes, David Nisenbaum

DISEÑO / DESIGN
David Kimura + Gabriela Varela

CORRECCIÓN DE ESTILO / COPY EDITING
Christian Mendoza

TRADUCCIÓN / TRANSLATION
Quentin Pope, Fionn Petch

PREPRENSA / PREPRESS
Emilio Breton

ELÍAS RIZO ARQUITECTOS fue impreso y encuadernado en octubre de 2021 en Asia Pacific Offset, en China. Fue impreso sobre papel Kinmari Matt Art de 128 g. Para su composición se utilizó la familia tipográfica Atlas diseñada por Susana Carvalho, Kai Bernau, Christian Schwartz e Ilya Ruderman. El tiraje consta de 2,000 ejemplares.

ELÍAS RIZO ARQUITECTOS was printed and bound in October 2021 by Asia Pacific Offset in China. The interior paper is 128 gsm Kinmari Matt Art. It was set in typefaces of the Atlas family designed by Kai Bernau, Susana Carvalho, Christian Schwartz and Ilya Ruderman. The print run was 2,000 copies.